キャッシュレス貧乏《びんぼう》にならないお金《かね》の整《せい》理《り》術《じゅつ》

1
プリペイド
【前払い】

2
デビット
【即時払い】

3
ポストペイ
【後払い】

POOR for CASHLESS

「クレジット」
「ポイント」
「ICカード」

横《よこ》山《やま》光《みつ》昭《あき》
MITSUAKI YOKOYAMA

「電子マネー」
「QR決済」
「スマホ決済」

CROSSMEDIA PUBLISHING

POOR for CASHLESS

あなたは「現金派」ですか？
それとも
「キャッシュレス決済派」ですか？

買い物をするときは、
スマホでピッ！
今や多くの人が
キャッシュレス決済を
利用する時代です。

ポイントもつくし、簡単だし……
便利でお得な
キャッシュレス決済！
今後ますます
広がっていくでしょう。

しかし、その陰で
〝**ある問題**〟が起きています。

それは、〝**隠れ赤字**〟の人が増えている、という問題。
毎月の家計が赤字になっていることに
気づかない人がたくさんいるのです。なぜでしょうか？

収入	¥200,000
電子マネー A	－¥100,000
電子マネー B	－¥50,000
電子マネー C	－¥80,000
電子マネー D	－¥3,000
合計	－¥33,000

原因は、お金を支払う方法が増えたことによる
〝混乱〟にあります。

「現金」「電子マネー」「クレジット」……。

今、支払いの方法が多様化しているため、
お金を管理するのが難しくなっています。

現金だけなら、財布に入っている量でその増減をつかめますが、
そこにキャッシュレスという〝見えないお金〟が加わったことで、
いったい全部でいくらお金を使ったのか、
わかりにくくなっているのです。

しかも**キャッシュレス**は、
現金より使いやすい感覚があると思います。

本来はスマホやカードに入っているお金も、
「**現金**」と同じ**大切なお金**ですが、
まだ使う人の感覚がそれに追いついていません。

これまでの**お金＝現金（現物）**という感覚から、
お金＝数字（デジタル）という認識に変えていかなくては、
安易に使いすぎてしまうことは避けられないでしょう。

その結果、
あれ？ 思った以上にお金を使っているな、
と明細を見て気づく人がいま、たくさんいるのです。

例えば、Suicaを利用している人は多いでしょう。
これを交通費以外にもいろいろ利用するため、
交通費そのものをいくら使っているのか、
把握できていない人が増えています。

そうした例がいろいろな場面で見られ、
家計が赤字になっていることに
気づかないという事態を招いているのです。

〝隠れ赤字〟の問題は、
今後ますます深刻になっていくでしょう。

家計相談をしていると、
毎月の赤字を、
ボーナスで穴埋めする家庭の多いこと、多いこと！

このままでは、
〝キャッシュレス貧乏〟へ、
まっしぐらです。
貯金どころではないでしょう。

本書は、この〝キャッシュレス貧乏〟という
問題を解決していきます。

解決のために必要なのは、
支払いを「視える化」することです。
いつ、何に、どれくらい、支払ったか。
しっかり把握することが必要です。

私はこれまで2万3000件の家計相談に乗り、
お金の支払い先を
「消費」「浪費」「投資」に分けた
支出の記録法を用いて、家計を再生してきました。

今回は、それとは別に、
「**現金**」「**電子マネー**」「**クレジットカード**」の
3つの支払い方法に分けた
記録法を提案します。

じつは、私自身も、
それを手書きでつけていました。
本書は、
それを**はじめて体系化**したので
ぜひ使ってみてください。

そして、もう1つ、
あなたの「財布」をお金が貯まる
ものに変えることを提案します。
例えば、
「大きい財布」と
「小さい財布」。
お金が貯まるのは
どちらだと思いますか？

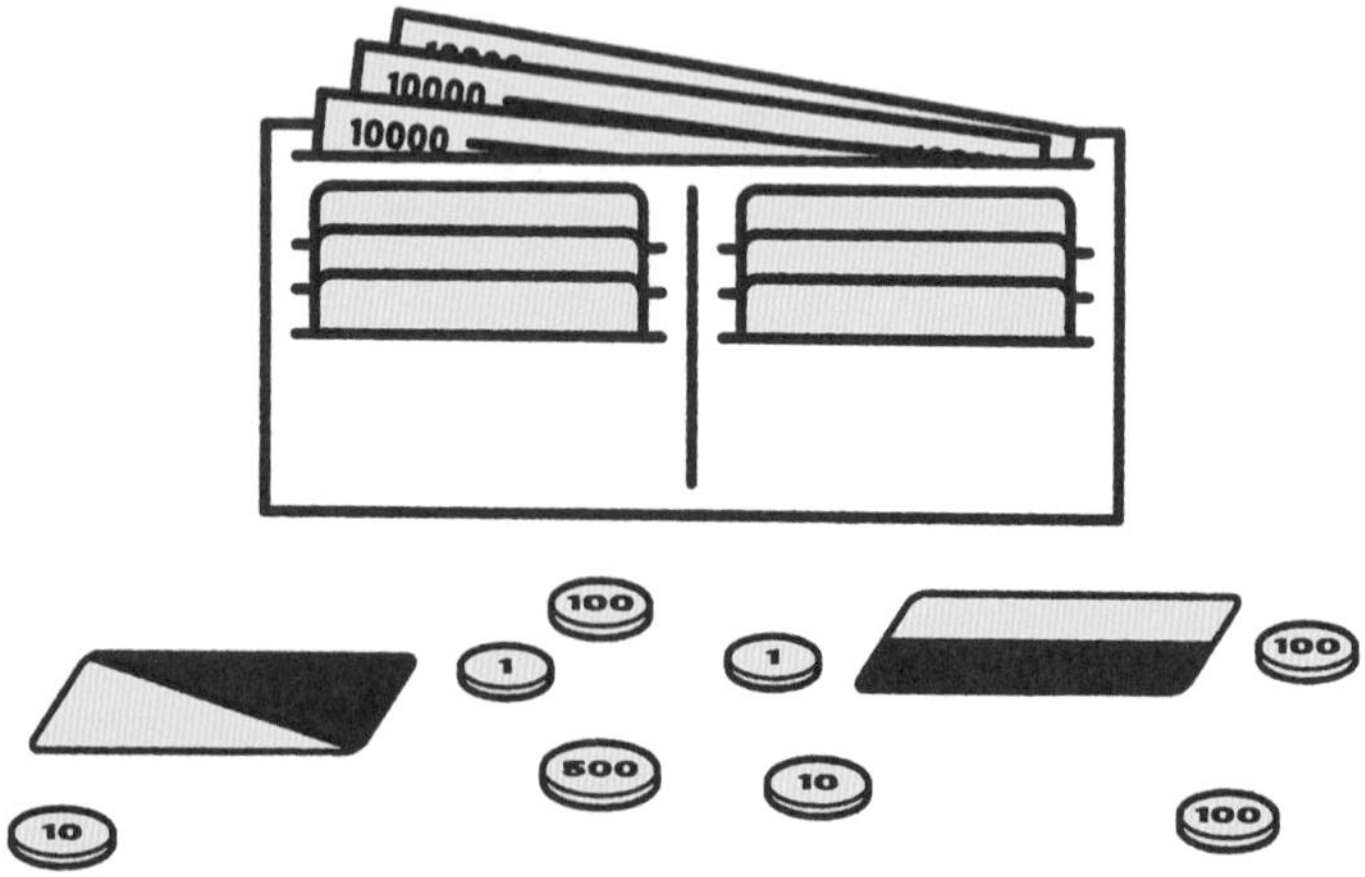

大きい財布は、ものがたくさん入る分、
余計なものが溜まりやすいのが欠点です。
古いレシート、使わないカード……
ごちゃごちゃしていて、
財布にいくらお金が入っているか、
よくわからない状態になりがちです。
いくら使ったのかもよくわからず、
「視える化」できていないのが問題です。

その点、**小さい財布**は
必要最小限のものしか入らないので、
整理しやすく、
お金の出入りがよく見えます。

キャッシュレスの時代、
財布は小さくても
困ることはないはずです。

「財布の小型化」と
「キャッシュレス対応の家計簿」
の2つによって、
支出の〝穴〟を埋めて、
お金が貯まる〝流れ〟をつくっていきます。
すると、ムダなお金がみるみる減って、
貯金の額は驚くほど増えていくはずです。

POOR for CASHLESS

はじめに

¥ あれ？　今日いくら使った？　気づくとお金がないという問題

こんにちは。『キャッシュレス貧乏にならないお金の整理術』を手に取ってくださって、ありがとうございます。

家計再生コンサルタントの横山光昭です。

私は家計再生のプロとして、これまで2万3000人以上の家計相談を受けてきました。

家計の悩みは、本当に人それぞれです。赤字の家計の悩み、貯金が増えない悩み、老後の資金に不安を感じているという悩み……。

一つひとつの悩みに向き合ってきた経験を活かして、お金の貯め方を書いた『年収200万円からの貯金生活宣言』や、お金の増やし方をテーマにした『はじめての人のための3000円投資生活』といった本を書いてきました。

お金の貯め方も、増やし方も極意はシンプルです。

①「収入」－「支出」＝「貯蓄」

②貯蓄の一部をコツコツ投資で運用していく

どうですか？　当たり前といえば当たり前のことですが、実践できているかといえば、できていない人が多いと思います。

①の収入から支出を引いたら、ほとんど残らない、下手をしたら赤字で、②の投資をしている余裕なんてないという声が聞こえてきそうです。

実際、家計相談をしていると、本当にたくさんの人がこのシンプルな極意を実践する手前でつまずき、**気がつくとお金が消えていくという問題**に頭を悩ませていることがわかります。

この**「お金が消えていく問題」**の原因は、「支出」にあります。

支出が原因と聞くと、ムダ遣い、節約不足、衝動買いなど、**お金の使いすぎ**をイメージされるかもしれません。

たしかに、使ってしまうとお金は残りません。当たり前のことです。でも、**何にどう使ったかがわかっていれば、次から改めることができます。**

今月はあの衝動買いがあったから、家計がいくら赤字になったんだな、と。

わかっていれば衝動買いを改め、お金を残すことができます。

つまり、**支出の問題とは、何にいくら払ったかが、よく見えていないことにあるのです。**

その結果、こうなります。

①「**収入**」（毎月、決まっている）－「**支出**」（よくわからないけど、出ていってい

る）＝「**貯蓄**」（使い切って、残っていない。あるいはお金が足りなくなっている）

②**貯蓄がないから、一部をコツコツ投資で運用することもできない**

これが、お金を貯めるシンプルな極意を実践する手前での「つまずき」の正体です。

¥ キャッシュレス化により、支出がさらにルーズに……

では、つまずかないようになるには、どうすればいいのでしょうか？

答えは、**よくわからないままの支出を「視える化」すること**です。

毎月の支出は、**「わが家は、これだけのお金があれば回していける」**という金額です。

お金を貯められる人は、それがいくらであるかをきちんと把握しています。

出ていくお金の額と流れが見えているから、いざ貯めようと思ったときに、ムダな支出の蛇口をキュッと締めることができるのです。

一方、これまで家計相談に乗っていて、お金が貯まらないことを悩む方の家計には、ある共通点がありました。

それは、**支出が散らかって、見えなくなっている**ことです。

今日いくら使ったか。昨日いくら使ったか。今、財布の中にいくら入っているか。ひと月の食費にいくら必要か。毎月引き落とされている保険料は、誰の何の保険なのか……。

支出するお金の額と中身について無頓着で、よく見ないまま放置しているのです。

その結果、月末が近づくと「あれ？　お金がない。いつこんなに使ったっけ？」ということに。

しかも、この状態は、**キャッシュレス化が進む中でより深刻になっていきます。**

このお店ではキャンペーンでポイントが還元されるからクレジットカードで、この支払いはキャッシュバックがあるからＱＲコード決済で、ここでは時間が節約できるから電子マネーで……、と。

お金の払い方が多様化したことで、ますます支出が見えにくく、散らかりやすく、整理しにくい時代になってきました。

そんな変化の中で、これまでお金の管理が苦手だった人が、急にその管理能力を上げることができるかといえば、難しいでしょう。

そこで、私がこの本で提案したいのが、毎月の手取りが15万円でも、20万円でも、30万円でも、月々のお小遣いが1000円の中学生でも、お金が貯まる仕組みです。

その仕組みとは、**「小さくすること」**と、**「記録すること」**です。

まず、**お金の出どころである財布を小さくします。**

そして、**散らかった支出を記録して整理します。**

すると、何が起きるかというと、「わが家は、これだけのお金があれば回していける」という支出が見えるようになります。

その結果、収入の多い少ないに関係なく、誰もがお金を貯められるようになるのです。前出の方程式に変換すると、こうなります。

①**「収入」**（毎月、決まっている）－**「支出」**（出ていったお金の額と理由がわかるから、収入以内に収めることができる）＝**「貯蓄」**（お金が残る）

この本には貯金、投資、運用のノウハウや難しい話は出てきません。

狙いを定めたのは、「お財布」と「日々のお金の使い方」です。これを「視える化」することで、ムダを減らし、あなたにお金が貯まる仕組みを届けます。


宝くじが当たる、起業して会社を経営して成功する、大ヒット作を世に送り出して印税収入が得られるなど、特別な何かがなければ急に何千万円というお金が入ってくることはありません。


もちろん、一発逆転を狙うことを否定はしませんが、普通の人が十分なお金を手にするには、まず支出を把握することです。それがお金を貯める第一歩となります。

もし、あなたが老後2000万円問題のニュースなどを聞き、未来に不安を感じているなら、小さく備えていきましょう。特別な能力も、過剰な節約も必要ありません。

未来のあなたに向けて、今の自分からコツコツと贈り物をしていくこと。

今日できることから始めて、安心できる未来を作っていきましょう。

キャッシュレス貧乏にならないお金の整理術　目次

POOR for CASHLESS : contents

お金の整理術

第2章

財布を小さくするとお金が貯まる

POOR for CASHLESS : contents

第3章 1年で100万円貯まる！「貯金ノート」の使い方

POOR for CASHLESS : contents

第4章 今日から始める！お金が貯まる片づけの習慣

本書で紹介しているサービスや仕組みは、２０１９年12月2日現在のものです。

第1章

お金を使いすぎてしまうのには理由がある

最近、キャッシュレス決済が増えたせいで、支出が増えた気がする……、という人は多いでしょう。しかし、そういう人はもともとお金にルーズな傾向があるとか。つい使いすぎてしまう原因とは？まずは1章でチェック！

あなたは今日いくら使ったか、言えますか？

これまで2万3000人以上の家計相談を受けてきて、つくづく思うのは、**「貯金ができる人、できない人」の違いに、「収入は関係ない」**ということです（もちろん、相当の高収入であれば話は別ですが）。

例えば、月に55万円の世帯収入がありながら、毎月の家計の収支はとんとんというご夫婦がいました。ボーナスはローンや税金の支払いに消えていき、貯蓄は夫婦合わせてたった数十万円……。

お互いがそれぞれに貯めていると思っていたのに、家計相談に来てみて「うちには貯金がない」という事実にがく然とされていました。

一方、世帯収入が25万円。小さなお子さんを育てながらも着実に貯蓄を増やし、「将来に備えて投資を始めたい」と相談に来る方もいます。

- **収入が多いのに貯金できないという人**
- **収入が多い分、自然とお金が貯まっている人**
- **収入が少ないから、貯金ができないと悩む人**
- **収入が少ないけど、貯金はしっかりしています、という人**

あなたはどのタイプに当てはまるでしょうか？

ちなみに、家計相談に乗っていて一番悩ましいのは、「収入が多いのに貯金できない」という人たちです。

このタイプの家計には、共通したある問題があります。**それは出ていくお金＝支出がルーズになっていることです。**しかも、平均的な世帯よりも稼ぎがあるため、本人が「これは必要かも」と感じたら、払えてしまいます。

クルマがあると便利だし、見栄えがいいと気分もいいから、と新車をローンで買ってしまう。子どもの力を伸ばしてあげたいから、塾にピアノ教室、水泳教室、英会話に通わせる。

払えるがゆえに、必要かどうかを吟味せず、もったいない使い方をしてしまうのです。その結果、十分に稼いでいるのに、気づくと給料日前になると現金が手元にない状態に。

それでも**「カードで払えば、まあいいか」**とクレジットカードやそれに紐づく電子マネーを利用して、払えるがゆえの支出を増やしてしまいます。

現金がないと、電子マネーやクレジットで支払ってしまう

じつはこの傾向、「収入が少ないから、貯金ができないと悩む人」の家計にも共通しています。

収入が少ない分、使える額は減りますが、支出がルーズになっていることは変わりません。

同じように**気づくと現金がないから、クレジットカードや電子マネーで支払い、**結局、その月に何にいくら、どうして支出したのかがよくわからないまま、次の給料日を迎えるのです。

そして、お金が口座に振り込まれれば、万事ＯＫ。**先月もなんとかなったし、今月も大丈夫だろう、**と変わらぬ使い方を続けてしまいます。

一方、収入が少なくてもお金が貯まる人は、支出を整理し、よく見えるようにしています。何にいくら使ったか、ムダはなかったか。支出を見直すことで家計をうまく

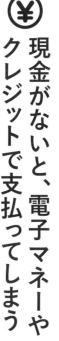

コントロールしているのです。

私は支出がルーズになっている人に、こんな質問をするようにしています。

「今日いくら使ったか、言えますか？」

狙いは、自分の支出について振り返る意識を持ってもらうことにあります。

1章では、まず、**「お金が貯まらない家計」の傾向について、掘り下げていきます。**ここは私も同じかも……、こんなケースもあるんだ！　とあなたのお金の使い方と比べながら読み進めてみてください。

お金が貯まらない原因は、**「いくら使ったか見えなくなっていること」です。**なぜそうなるのかを探ることで、家計の「視える化」を始めるためのヒントがみつかるはずです。

前述したように、**キャッシュレス化により、支払いの仕方が多様化してきた今、ま**

すます自分が何にいくら、どうして使ったのかを意識することが重要です。

「このままだとまずいかも？」

そう気づくことが、キャッシュレス貧乏になることなく、お金が貯まる第一歩となります。

まとめ＝01

気づくと現金がないから、カードで払ってしまう。このクセをなくそう

毎月の赤字をボーナスで埋めていませんか？

キャッシュレス化により、毎月自分がいくら使っているのかわからなくなった、という声をよく聞きます。請求の明細を見て、「こんなに使っていたのか」と、驚く人も多いようです。

それなのに、危機感が薄いのはなぜでしょうか？　原因の一つは、「ボーナス」にあると思います。

ボーナスは毎月の生活費にしなくてもよい、まとまった収入です。

２０１９年にリサーチ会社マクロミルが行った民間企業に勤める正社員へのアンケートでは、**ボーナスが支給される予定と答えた人が全体の84％**を占めました。ではその使いみちはどうなっているでしょうか。

同様のアンケート調査では、**ボーナスの使いみちの第１位は、「貯蓄」です。**しかし、その一方で**「ボーナスはいつの間にかなくなっている」**という人も少なくありません。

実際、赤字家計に悩み、私のところに家計相談にやってくる人の多くが、いつの間にかボーナスがなくなる派です。

その原因は２つあります。１つは、**ボーナスの使いみちが決まりすぎていること。**

例えば、住宅ローンのボーナス加算額の支払いで10万円。

自動車ローンのボーナス払いで5万円。

クレジットカードのボーナス払いが8万円。

こんな調子で過去に購入した物の支払いのため、現在、そして未来のボーナスが消えていくわけです。


もう1つの原因は、**日々の支出がルーズになっていること**です。

例えば、収入が平均よりも多い人で貯金ができない人には、少しだけいいものを購入する傾向があります。

食材は必ず国産、シャンプーはノンシリコン、ファストファッションはNGなど、普通よりちょっと価格が高めのものを購入することが習慣化しているのです。そして、払えてしまうからムダ遣いをしている意識は希薄です。

表面上、毎月の家計は赤字にならず収まっています。

しかし、実際はクレジットカードのボーナス払いを利用しているなど、**ボーナスで赤字家計を補っている状態。**だから、ボーナスが入った途端、右から左へと流出し、消えていってしまうのです。このように、ボーナスの減り具合から家計の健全度（良好度）がわかります。

とはいえ、ひとまず支払うことができたので、冒頭であげたように、危機感は薄いままこの悪癖をくり返しているのではないでしょうか。

¥ 計画的か、刹那的か…？ボーナスの使い方でわかる

一方、お金が貯まる人は、ボーナスの使いみちをよく考え、自分や家族のために有意義に使っています。

例えば、資格取得でのスキルアップといった自己投資、日々がんばっている自分や家族へのご褒美としての旅行や食事など、明日以降の充実した暮らしのために活かしているのです。

つまり、**ボーナスの使い方には、その人の将来設計度（ライフプラン）が表れる**と言

っていいと思います。

「10年後にマイホームを持ちたい」、「5年後に大学受験を控える子どもの教育費を貯めておきたい」、「1年後の結婚式までに100万円貯金したい」、「キャリアチェンジのため、海外留学を挟んでの転職を考えている」など、**人生に明確な目標や目的があると、それはボーナスの使い方に表れます。**

「将来の自分や家族のために貯蓄しなくては……」
「転職に備えて学びへの自己投資とその資金を貯めなくては……」

そんなふうに使い方に将来設計度（ライフプラン）が反映されるわけです。

逆に**ボーナスがすぐになくなってしまう人は、ライフプランが明確でない可能性があります。**だから、いま欲しいと思ったものを次々に買い、支出が増えてしまっているのです。

もし、**不景気でボーナスカットという事態になると、一気に家計が破綻してしまう**

恐れもあるでしょう。

日々のお金の使い方がルーズなままだと、じわじわ家計の体力が奪われ、ボーナスはカンフル剤のように使われ、何も残らないという残念な状態に……。

まずは日々の支出を「視える化」すること。その上で将来設計度（ライフプラン）のあるボーナスの使いみちを立てること。この2つを心がけることで、年間の貯金額は確実に増えていきます。

まとめ 02

入ったとたんに消えてなくなるボーナスの使い方はやめよう

「好きなものは別！」となっていませんか？

支出が増えている原因は、キャッシュレス化にもありますが、それ以上に本人の「気持ち」に原因があります。キャッシュレスはあくまでお金を払う手段であり、それを使う側が自分をコントロールできていれば、支出が増えることもないからです。

では、ここでいう「気持ち」とは、どういうものでしょうか。

家計相談を受けていると、**「節約しているんですけど、なかなかお金が貯まりません」**という悩みを打ち明けられることがよくあります。

詳しく聞いてみると、水道料金を抑えるため、トイレのタンクにペットボトルを沈めたり、食費を減らそうと特売チラシを頼りに数店舗回ったり、電気料金対策で出かけるときはコンセントを抜いたり……。

コツコツというよりもケチケチした節約を実践しているものの、お金を貯めるという成果はなぜかいまいち。

原因を探っていくと、ある方は「100円ショップ好き」という一面が明らかになりました。最初は「安くて節約になるから」と100円ショップに通っていたのですが、「便利でいいものがあるし、100円だから」と使わないアイテムも買うように……。

そして今では、節約中の買い物欲を発散するように100円ショップで月に5000円、6000円と使ってしまい、家には役に立つのか立たないのかわからない100円グッズがダブついているといいます。

他にも新作のスイーツが出ると試さずにはいられない「コンビニ好き」という方もいましたし、ポイントデーがおトクな気がして爆買してしまう「ドラックストア好き」の人もいました。

いずれのケースでも日頃は節約しているのに、「好き」というフィルターがかかると、支出の詳細に注意が向かなくなってしまうのです。

好きなアーティストのグッズだから。好きなチームの応援だから。

かわいいものを見ると1000円以内ならいいかなと思ってしまう。かわいいは正義だから。飲み会が好きで、ついつい飲みすぎてタクシーで帰宅。でも、人と飲むのが好きだから。

こんなふうに**「好き」を別腹的にしてしまうと、コツコツ積み重ねた節約分がすぐに**

吹っ飛ぶくらいの支出になってしまいます。

とはいえ、こういった買い物は本人にとって楽しみであり、心を充実させてくれる時間でもあり、なかなかやめられないものです。

私自身、１００円ショップは大好きですし、貯められる人も好きなことにお金を使うことを我慢しているわけではありません。

お金が貯まる人、貯まらない人を分けているのは、使い方の仕組みを作っているかどうかです。

ただ我慢をするのはツラい。楽しい節約に切り替える

仕組みといっても難しいものではありません。

１００円ショップやコンビニ、ドラッグストアでの買い物欲の発散を、**家計から分けてしまうだけ。**

食費、雑費として家計から支出するのではなく、あなたのお小遣いから支払うようにしましょう。

もちろん、家計とお小遣いは同じ収入源から出てくるお金です。しかし、毎月のお小遣いをいくらと決めることで、家計から「お小遣い3万円」と支出が確定します。そして、「買い物欲を発散させる買い物はお小遣いの中から」という仕組みにしておけば、それ以上支出は膨らまず、家計の状況は好転していきます。

これを「コンビニでの買い物だから、食費の延長」「ドラッグストアでの買い物だから、雑費の延長」としてしまうと、支出の内容が見えなくなり、歯止めがかかりにくくなってしまうのです。

「節約だから」と好きなものに使うお金を我慢するのではなく、**一定の枠を作ってそれ以上は使わないという仕組みにすること。**「お小遣いのお金」と「生活を営むお金」をきっちり区別することで、支出にメリハリがつき、整理しやすくなります。

また、「この枠内のお金は自分の自由に使える」という安心感があることで、お小遣いを確保し続けるためにも家計を安定させようという意識が働きます。つまり、支出にメリハリをつけ、節約で好きを押さえつけないことで、家計全体に好影響が出るのです。

お小遣いは、収入に応じて何％と割合を決め、それ以外の補てんはないけれど、使いみちは自由。そんなルールを作り、「節約するお金」と「自由なお金」を区別して生活を楽しく、張りのあるものにしていきましょう。

物欲は抑え込むのではなく、限定して解放する。それが貯まる人の家計の秘密です。

スマホで、カードで、簡単に買い物ができる今だからこそ、このルールを実践してほしいと思います。

まとめ ＝ 03

支出をコントロールするコツは、「好きを別腹」にしないこと

「ニーズ」と「ウォンツ」を分けていますか？

「お金を何に使ったのか、思い出せないし、覚えていない」

「給料日前はなぜかお金がない」


貯まらない家計で悩んでいる人がよく口にするフレーズです。

こうしたフレーズには、お金が貯まらない人の抱える代表的な問題が含まれています。


それは、**ムダ遣いをしているという自覚がないままお金を使っている**ことです。

これではお金は貯まりません。


例えば、特売だから、セールだから、キャンペーンだから……と欲しくもないもの、すぐには使わないものを買っていることはないですか？

家に買い置きがあるのを忘れて、同じ日用品を買ってしまったことは？

こうした支出の積み重ねによって、家計はじわじわダメージを受けていきます。

そして、貯まるはずだったお金が「安かったから」「キャンペーンでお得だったから」といった理由で消えていき、家にはあまり必要ではない物が増えていくのです。

ここまで読んで「自分もやっているかも」と心当たりがあるなら、注意してください。大げさな言い方になるかもしれませんが、冷静に、客観的に自分の行動を見つめ直しましょう。よかれと思ったあなたの支出がお金の浪費になっている可能性があります。

ぜひ、財布を開く前に、カードやスマホを支払い機にかざす前に、「この買い物は必要か、ムダにはならないか」を自分に問いかけてみてください。

このワンクッションを入れるだけで、支出の質が変わっていきます。

欧米では子どもの金銭感覚の教育の初歩の段階で、「それは必要なの？　それとも欲しいの？」という問いかけをするそうです。

- **必要＝ニーズ**
- **欲しい＝ウォンツ**

お金を使う前に、自分に対して「必要だから買うのか」「単に欲しいから買うのか」を問いかけると、ハッとすることがあります。

なぜなら、**私たちは「単に欲しいだけ」を「必要だから」にすり替えることがとても得意**だからです。

¥ 欲しいだけなのに、必要であるとすり替える

私も物欲が強い方なので、欲しい物がたくさんあります。お金を自由に使っていいよと言われれば、あるだけ全部使えると思います。

でも、ニーズとウォンツで考えてみると、「欲しいと思って買うものが全部必要なものではない」ということがすぐにわかります。

同時に自分に備わっている「欲しい」を「必要」にすり替える能力の高さにも気づきます。

単に欲しいと思って買っただけなのに、「なんで買ったの？」と聞かれると「かくかくしかじかで必要である」と理由をいくらでも後づけできるという……恐ろしい能力

です。

例えば、私の家には立派な一眼レフのデジタルカメラがあります。買いたい！　欲しい！　と思った私は、家族に「家族の写真がきれい撮れる」「子どもたちの成長の記録が残せる」と必要性をアピールし、購入しました。

しかし、いざ手にしてみると、使うのは年に1、2回……。

購入して半年もすると、完全に「必要」ではなく、「欲しい」から買ってしまったのだと明らかになり、妻や娘たちから「部屋の隅に置きっぱなしだよね」と小言を言われてしまいました。

きっと、あなたも似たような経験をしたことがあるのではないでしょうか。自分のニーズとウォンツを客観視して、冷静に判断するのは「そこに罠がある」とわかっていても難しいものです。

とはいえ、こんな使い方をしているとお金は貯まりません。

実際、浪費が多く、貯金ができないと悩んでいる人の家計をチェックするとウォンツに流されたと思われるお金の使い方が目立ちます。
そこで、私は自分自身の失敗の反省も含め、「買いたいな！」「欲しいな！」と強く思ったときほど、「本当に必要？」と問いかけるようにしています。

まとめ＝04

本当に必要なものか、確認を！ただ欲しいだけのものは買わない

部屋に物があふれていませんか？

私は以前、あるテレビドラマを監修者としてお手伝いしたことがあります。

そのときドラマや映画のセットを作る仕事をしているプロの人たちと話をする機会があり、前々から気になっていた質問をしました。

「お金が貯まらない人たちの家をセットとして作るとき、どこにこだわりますか？」

プロの答えは明確で、**「物があふれている家を作れば、貧乏な人、つまりお金の貯まらない人の家のできあがりです」**と。

ゴミ屋敷とまではいかなくても、棚からあふれる日用品、廊下に積み上げられたカップ麺やペットボトルなどの食料品のストック、タンスに収まりきらない洋服など、雑然と物が多い空間を作ると、それらしく見えるのだそうです。

そこで、こうも聞いてみました。

「でも、なぜ、物があふれている＝貧乏な人、お金の貯まらない人というイメージに

つながるのでしょうか？」

こちらの答えは「そういえば、なんででしょうね。経験上、そう思うだけで理由はよくわからないです」と。

首をひねる美術スタッフさんに私は、数多くの家計相談に乗るうちに見えてきた、**「お金」と「物」と「片づけ」に関する負のスパイラル**について話しました。

それは次のような連鎖になっています。

1. 片づけができないから、物が多い
2. 物が多いから、すでに持っている物がわからなくなり、重複して買ってしまいがち
3. 結果、ムダな出費が多くなる
4. 把握できない支出が増え、お金を大切にできない
5. だからお金が貯まらない
6. 物が多すぎて、片づける気にならない

部屋が散らかっている人、冷蔵庫の中に賞味期限切れの食材がゴロゴロしている人、同じ商品を2度、3度と買ってしまう人……。

家計相談を受けていて「お金の管理が苦手」という人の多くは、同時に「部屋に物が多い」「片づけが嫌い」という症状も併発しています。

お金に対しても、物に対しても管理能力が低く、部屋は散らかり、家計は見えない支出が増えて混乱していくのです。

¥ 月に1回、自分の部屋の写真を撮ってみると、「ムダ」に気づく

実際、あなたの部屋が、この負のスパイラルに向かい始めていないか、確かめてみましょう。

月に1回のペースでかまわないので、スマホのカメラで部屋のあちこちを写真に撮ってみてください。

すると、自分が持っている物を再認識することができ、「これ、本当にいると思って買ったのかな？」「これ、先月から1回も使っていないな……」といった気づきがあり、ムダな買い物の抑制にもつながります。

さらに、写真を見直しながら、次のことを自分に問いかけてみましょう。

- **写真で部屋にある物を再確認したとき、どう思ったか？**
- **不要だと思った物は何？　それはどうしてか？**
- **必要だけれど、なくても困らない物は？**
- **持っていてよかった物は？　それはどうして？**
- **これから買い足したい物、欲しい物は？**

何度かくり返していくと、「物」と「片づけ」についての自分の考え方がはっきりしてくるはずです。

さらに、前の項目でお話しした「ニーズ」と「ウォンツ」に基づいたお金の使い方もできるようになっていくでしょう。

物があふれる部屋から、本当に必要な物しかない片づいた部屋へ。
「お金」と「片づけ」は密接にリンクしているのです。

まとめ ＝05

部屋を見れば、お金が貯まる体質か貯まらない体質かがひと目でわかる

カードを何枚持っているか、把握していますか？

今、使っている財布には、お金以外に何が入っていますか？

実際に財布を出して確かめてみましょう。

ポイントカード、クレジットカード、レシート、クーポン、領収書、割引券、病院の診察券、保険証、運転免許証、お守り、子どもやペットの写真など、私たちの財布には意外なほどお金以外のものがたくさん入っています。

私は、そんなお金以外のもので膨らんだ財布のことを**「ブタ財布」**と名づけ、お金の貯まらない原因の1つだと考え、改善するようアドバイスしています。


なかでも、ポイントカードとクレジットカードについては、勧められるままに作っているとどんどん増えていき、財布をブタ財布化させる要因となっています。

会計時に、「今日のお買い物からポイントが貯まります」「貯まったポイントでお買い物ができます」と言われると、お得な感じがしてポイントカードを作ってしまう気持ちはよくわかります。しかし、そうやって作った新たなポイントカードに、その日以降ポイントがつくことがありましたか？


持っておけば、得をするかもしれない。作らないと、損するかもしれない。

そんな取らぬ狸の皮算用的な期待と不安からポイントカードを増やしていくと、財布はどんどん膨らんでいきます。

財布をチェックすると、クレジットカードが4枚も5枚も入っているという人も少なくありません。カード独自のポイントやマイルが貯まるから……と何らかの理由はあったとして、本当にその恩恵を受けるような使い方ができているでしょうか？

実際はそれほどの頻度で使ってはいないはずです。むしろ、**持っているすべてのカードから恩恵を受けられるほど使っているとしたら、それはカードの使いすぎです。**

複数のクレジットカードを並行して使うのは、支出を見えにくくし、よくわからないままお金が消えていく原因にもなります。

カードを減らせば減らすほどムダな出費も減っていく

ポイントカードも、クレジットカードも、2、3か月に1度のペースで構わないので、財布からすべて取り出し、利用頻度をチェックしましょう。

その間に1度も使っていないのだとしたら、そのポイントカードは思い切って処分します。では逆に、持っているべきポイントカードはどのようなものでしょうか。

ポイントの還元率や還元の方法（品物なのか、金額に充当されるのかなど）も気になるところですが、重要なのは**「よく使うお店」**であること。どんなに還元率の高いお店のポイントカードを持っていても、使わなければ恩恵は受けられません。よく使うお店こそが最も恩恵を受けやすいポイントカードだと言えるのです。


一方、クレジットカードを処分する方法は、より簡単です。

まず、年会費のかかるカードで、その金額以下の還元しか受けられないお得度が低いカードは、真っ先に整理の対象となります。

例えば、年会費2000円のクレジットカードを持っていて、会員特典で誕生月に「5％OFF」、特定の日に「10％OFF」などの割引特典を受けられるとしましょう。

一見、お得そうですが、あなたの使用頻度で割引かれる金額が年に合計2000円にならないのであれば、持ち続ける価値はありません。

また、年会費無料で作ったクレジットカードの中には、2年目から年会費がかかるケースもあります。そのまま忘れていて年会費を払っている場合なら、そのカードもリストラ対象としていきましょう。

その他、クレジットカード会社が重複しているものもムダの持ち方です。日頃使っているコンビニの提携クレジットカード、銀行の提携クレジットカード、ガソリンスタンドの提携クレジットカードなど、勧められるままにいろいろな店のカードを作っていくと、VISA、JCB、Masterなどの提携先が重複するようになります。

もし、それぞれに年会費が生じるような状態になっていたら、まさにそれは散らかって見えなくなったムダな支出そのもの。1枚持っていれば十分です。

ちなみに私は自分がクレジットカードを持ったらダメなタイプだという自覚があります。よく食べ、よく飲み、酔ったら気が大きくなってカードで支払ってしまうからです。ですから、**私はクレジットカードを「持たない」と決めています。**

基本的に現金払い。あとは、預金口座から決済するブランドデビットカードを財布に入れています。ついクレジットカードを使ってしまい、気がつくと枚数を増やしてしまうという人は、「持たない」という強硬手段に出るのも1つの手でしょう。

それでも私は持ちたい、という人は、「どういうポイントを貯めたいか」で判断しましょう。

マイルを貯めて旅行に行きたいなら航空系キャリアの提携クレジットカードを。Suicaに還元したいなら交通系の提携カードを。生活上、現金に充当して使えるポイントを貯めたいのであれば、流通系のカードを。このように、役割や必要性によって残すカードを決めることで、ブタ財布状態から賢く脱することができるはずです。

まとめ 06

お金が貯まらない人の財布は、厚い。薄くすればするほどお金は貯まります

「貯まる家計」コラム1

毎月6万円の赤字だった家計が劇的に回復！「視える化」することで、いる、いらないがはっきりした

最近、利用者が増えているのが、家計簿アプリです。

現金での支出はレシートを撮影することで入力してくれたり、キャッシュレス決済した分は自動で記録してくれたりと、支出の「視える化」に役立ちます。

しかし、自動で記録できる機能を過信したことで、家計管理がうまくいっていないケースがありました。

相談に来たのは、「そろそろ2人目の子どもを……と考えていますが、数年前から貯金が増えていない」と悩むAさんご夫婦。会社員の夫（35）、共働きで会社員の妻（32）、そして保育園に通う長女（4）の3人家族です。

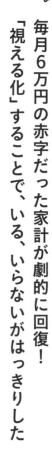

家計管理は家計簿アプリを使い、家計簿上では黒字でした。

ところが、貯金が増えない。その理由は、「現金での支出の記録漏れ」にありました。

Aさんの使っている家計簿アプリはクレジットカードでの決済、電子マネーでの支払いはアプリと連動し、自動的に記録されますが、現金での支払い分についてはレシートの撮影ないし、手入力が必要なタイプのものでした。使い始めた当初はこまめに手入力を行っていたのですが、使い慣れるに従って旦那さんも、奥さんも現金払い分の記録が億劫になっていたのです。

その結果、支出の把握に漏れが生じ、家計の全体像がつかめなくなっていました。

そこで、家計相談の場でお2人に家計簿アプリに自動入力されている分はもちろん、記録漏れになっている現金での支払い分を思い出せる範囲内ですべて紙に書き出してもらいました。すると、アプリ上はぎりぎり黒字だったその月の家計が、じつは6万2000円の赤字だったことが発覚したのです。

それでもAご夫妻の家計が年間では赤字にならなかったのは、2人の給与とボーナスが振り込まれる口座からクレジットカードなどの引き落としがされるようになっていたから。つまり、2人のボーナスが赤字を補てんしていて、毎月の赤字に気づかなかったわけです。

2人分のボーナスが入っているはずなのに口座にはお金が残らない。おかしいな……と思いつつ、放置していたことで貯金ができない苦しい家計になっていたのです。

赤字の家計が6万円の黒字に！改善したのは、家計簿のおかげ

そこで、家計相談では3か月限定で、現金、クレジットカード、電子マネーなど、2人が支払ったすべての支出をメモに取ってもらい、家計

簿をつけてもらうことを決めました。

狙いは、家計の現状把握です。

大切なのは、毎月の支出状況を必ず振り返り、ムダと思われる部分を削ること。そのためには現状の把握ができなければ、改善策も見つけられません。

期間を3か月としたのは、自分たちがムダな支出をどういうとき、どんな気分のときにしてしまいがちなのかをつかむためでした。

結果的にAご夫妻の家計は、食費と被服費が高すぎることがわかりました。

ご夫婦ともにアパレル系の会社にお勤めだったので、流行りの洋服、ヘアスタイル、メイクに気を配り、最新のアイテムを買うことが習慣に。独身時代と変わらぬペースで新作を買っていました。

また、共働きで調理するのが大変で、外食やデパ地下の惣菜などで済ませることが多く、こちらもじわじわと支出を増やしていたのです。

そこで、家族3人の1食分の食材がセットになった調理が簡単なミールキットを活用するなど、支出の状況を改善していきました。

最終的に食費は3万円減、通信費が2万円減、大きく減ったのが被服費で7万円減！

洋服は購入前に、前述した「ニーズ」と「ウォンツ」を徹底するように。合わせてクローゼットからあふれ気味だった2人の洋服を整理し、それぞれの収納スペースを確定。

必ずその中にしまう仕組みにしたことで、そこまで多くの点数は必要ないという結論になったそうです。

その結果、全部で12万円減。

6万円の赤字だった家計が、6万円の黒字の家計に変わりました。

第2章

財布を小さくするとお金が貯まる

今日、今週、今月いくら使ったのか。把握していない人は多いようです。結果、自分が思っている以上にお金を使ってしまい、赤字になっている場合も……。そんな人には財布の小型化がお勧め！効果抜群の内容とは？

物理的に小さくすれば、余計なカードやレシートは入らない

あなたは今、自分の財布にいくら入っているかわかりますか？

だいたいの金額を思い浮かべたら、1度、本を閉じて財布を開き、答え合わせをしてみてください。

どうでしたか？　だいたい合っていましたか？　この質問、講演会などの冒頭で会場の皆さんに問いかけることもあります。1円単位まで正確に把握している人はほとんどいませんが、誤差数百円のレベルで答えられる人は少なくありません。

逆に、「いくらくらいだったかな……」と見当がつかない人もいます。

どちらのタイプがお金の貯まる人かは書くまでもないかもしれません。もちろん、誤差数百円のレベルで財布の中身を把握している人です。

そう聞くと、「やっぱりお金に細かいことが大事なんだな」と思われるかもしれません。あるいは、「ちまちま数えて、みみっちい」と、くさす、財布の中身に無頓着なタイプの人もいることでしょう。

でも、大事なのはお金に細かいことではありません。

財布やお金に意識を向けていることです。

例えば、都市伝説のように語られる「お金持ちは長財布を使っている」「長財布を持つとお金が貯まる」という話があります。

実際、私も取材などで「長財布を持つと、本当にお金が貯まるのですか?」と聞かれますが、はっきり言って「長財布を持つこと」と「お金が貯まること」に因果関係はありません。

ただ、**「財布を変える」と「お金が貯まること」がある**とは言えます。

大きい財布から小さい財布へ。お金に対する「意識」が変わる

お金が貯まる人は財布の形に関係なく、**自分の財布に愛着を持ち、とても大切に扱っています。**丁寧に使っているので、財布そのものの見た目も概してきれいです。財布の中身はお金だけのことがほとんどで、1万円札、5000円札、1000円札の順にお札の向きも合わせています。

そこまでお金に意識が向いている人は、お札を折るのが嫌だな、小銭とお札を分けて持ち歩きたいなと思うようになり、結果的に長財布を選ぶ流れはあるでしょう。その結果、お金持ちは長財布を使っているというイメージが広まったのかもしれません。

一方、お金が貯まらない人は、**自分の財布を雑に扱っている傾向があります。**

角が擦り切れ、表面に汚れがあり、中身はお金以外のものがいっぱい。レシート、割引券、ポイントカード、クレジットカードなどでパンパンに膨み、いわゆる「ブタ財布」状態になっています。

また、お札も2つ折りで入っていたり、3つ折りで入っていたり、1000円札、5000円札、1万円札が整理されずに混在していて、お札とお札の間にレシートが挟まり、支払いの際にお札を出すとぱらぱら落ちるなんてことも……。

まさに、財布にもお金にも意識が向いていない状態です。

「お金が貯まらない人」の財布には、次のような傾向があります。

・財布がパンパンに膨らんでいる
・お札の入っている方向が上下、表裏バラバラ
・お札がくしゃくしゃになっている
・1回しか行ったことのないお店のポイントカードが何枚も入っている
・クレジットカードが複数枚入っている
・期限切れの割引券など、ゴミ化した紙がそのまま入っている
・レシートが目いっぱい入っている

もし、自分の財布を見直してみて、ひとつでも該当する項目がある場合には、もう少し自分の財布、そして自分のお金に興味を持つようにしましょう。

家計相談のとき、相談者の方がブタ財布状態になっていたら財布を新調するよう勧めています。それも**「できれば、小さな財布」**にするように提案しています。

というのも、**財布を小さくすると、物理的に入れられる量が限られてくるから**です。

まず、場所を取るクレジットカード、キャッシュカード、ポイントカードの枚数を見直すことになります。

本当に持ち歩く意味があるポイントカードはどれかを絞り込むうち、日頃のムダ遣いに気づくこともあるでしょう。また、レシートを乱雑に突っ込んでおくこともできなくなるので、必然的に1日、2日で財布の外に出すことになります。

そのタイミングで自分の買ったものを振り返り、「ちょっと買いすぎたな……」と思ったら、翌日から「引き締めていこう」と気持ちを切り替えることもできるでしょう。

つまり、**財布を新調し、小さくするとお金自体に意識が向くようになるのです。**

財布からのお金の出入りに気が向くようになれば、管理をきちんとしようという意識が芽生え、「お金が貯まらない人」から卒業する一歩を踏み出すことになります。

まとめ＝07

財布を小さくすれば、お金がどんどん貯まり始める

キャッシュレス時代に大きい財布はいらない

「キャッシュレス決済」が身近になってきました。

これまでもクレジットカードや電子マネーといったキャッシュレス決済の方法がありましたが、最近はスマートフォンで決済ができる**PayPay（ペイペイ）やLINE Pay（ラインペイ）といった「スマホ決済」のアプリが続々と登場**しています。

高いポイント還元率や利便性、さらなる還元率アップが狙えるキャンペーン攻勢もあって、多くの人がスマホ決済を試し、日常的に使うようになってきました。

また、**ポイントカードのアプリ化**も進んでいます。

TSUTAYAのTポイントカードは、「モバイルTカード」の名称でアプリに、その他、ドラッグストア系、家電量販店系のポイントカードもそれぞれのアプリが登場。これまでのポイントをアプリに引き継ぐことができるようになってきました。

つまり、**スマホを持っているのなら、財布の中からクレジットカードやポイントカードを一気に減らせる環境が整ってきた**というわけです。

¥ これなら、気づかぬうちに支出が増える心配はない

例えば、私が日常使いにしている財布に入っているのは、現金数千円とデビットカード、ＬＩＮＥ Ｐａｙカード、運転免許証。普段の外出はこれで十分です。

ちなみに、ＬＩＮＥ Ｐａｙカードは、コンビニやスーパーなど、ＪＣＢと提携する国内外約３３００万の実店舗で使えるプラスチックカード。使う分だけＬＩＮＥ Ｐａｙの残高を事前にチャージする、**プリペイド（前払い）方式のカードなので、気づかぬうちに支出が増えていく心配がありません。**

現金にプラスして、どんなカード、どんなスマホ決済を組み合わせるかはあなたの自由です。ただ、お得そうだからとあれこれスマホ決済のアプリをダウンロードするのはお勧めしません。

このお店ではＰａｙＰａｙ、あっちではＬＩＮＥ Ｐａｙ、ここでは〇〇Ｐａｙとやっ

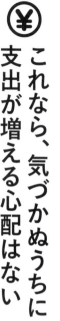

ているとの支払いが散らかってしまい、自分がどこでいくら払ったかがよくわからなくなってしまうからです。

キャッシュレス化は利便性を高めてくれましたが、**それぞれのアプリに記される「支出の履歴」を参照しているだけでは、全体の支出がつかみづらくなり**、家計管理がずさんになります。

これではせっかく財布を小さくしてお金の出入りが見えやすい「貯められる人」へのスタートを切った意味が薄れてしまいます。身近になったキャッシュレス決済をうまく活用して、財布の片づけを始めましょう。

まとめ＝08

キャッシュレス化のおかげで整理しやすい小型財布が使える

カード1枚、ペイ1枚、少額の現金があれば十分

小さな財布の中身について掘り下げていきます。

私の場合、**キャッシュレス化とポイントカード類のアプリ化によって、小さな財布がよりスリムになりました。**

以前は頻繁に利用する書店と家電量販店、近所のドラッグストアのポイントカードを持ち歩いていました。

しかし、今はどれもアプリ化されたので、財布からはサヨナラ。スマホの中でかさばることなく、ポイントが増えています。

財布に残ったカードは、デビットカードとLINE Pay(ラインペイ)カード。あとは現金数千円だけ。

普段の外出時はここにスマホを持てば事足りてしまいます。

もちろん、お金の使い方には個々人それぞれに事情があり、全員が小さい財布にカード1枚、ペイ1枚、少額の現金とはいかないかもしれません。

しかし、クレジットカードを複数枚、ポイントカードを5枚、さらに何かあったら心配だから現金も数万円入れておくという財布は、時流に合っていないと言えるでしょう。

大切なのは、**今の暮らしに合わせて見直すこと**です。

例えば、以前、家計の相談にやってきたご夫婦からクレジットカードを見直したエピソードを聞いたことがあります。

2人は独身時代も、結婚してからも海外旅行が大好きで、それぞれマイルが貯まりやすく、国内外の空港のラウンジが使える航空会社系のゴールドカードを利用していたそうです。

年会費は年間1万円以上、2人で3万円近くかかるものの、マイルへの還元率もよく、十分な旅行傷害保険の補償額があり、納得していました。

しかし、お子さんが生まれ、ラウンジでゆっくりするような旅行スタイルではなくなったことで、持つべきクレジットカードを再検討。

その結果、近所にある流通大手の年会費無料のクレジットカードに切り替えたといいます。

生活の変化に合わせて、使うカードも変えていく――。

利便性に納得して払っていた年会費がムダになっていると気づいたタイミングで、無料のカードに切り替える。

このご夫婦が行った見直しは、とても賢い財布の片づけ方だったと思います。

¥ 財布は片づいたのにスマホの中がごちゃごちゃ

これはキャッシュレス化への対応でも同じです。

今、日本では政府主導でキャッシュレス化に向けて、さまざまなサービスが提供されています。

経済産業省のデータによると、日本のキャッシュレス決済の利用率は他国と比べて低く、韓国の利用率90％、中国の60％に対し、日本は20％程度だとされています。

政府は、2020年までに利用率を40％まで引き上げようと、ポイント還元やキャッシュバックなどといったキャンペーンを後押し。**50種類以上のキャッシュレス決済アプリが続々と登場し、私たちはいったいどれを使ったらいいのか、いろいろ比較してみないとわからない**、という過渡期に入っています。

こうした状況で気をつけたいのは、「お得みたいだから、使わないともったいない」と踊らされ、深く考えずにさまざまなアプリを試してみること。

せっかく財布の中身を片づけて、カード類を減らしたのに、**スマホの中に決済アプリが乱立するようでは意味がありません。**

その先には、ポイント還元やキャッシュバックを受けることが楽しくなり、買う必要のないものまで買ってしまうなど、サービスを受けることが目的化する落とし穴が待ち受けています。

便利そうだから使うのではなく、自分に必要だから活用する。

この視点を忘れずに、変化と向き合いましょう。

まとめ＝09

生活サイクルの変化に合わせて最適な決済方法を見つけよう

LINE Payはチャージしないと使えないのがいい

キャッシュレス決済の手段としてお勧めしたいのは、ＬＩＮＥ Ｐａｙカードです。もちろん、スマホ用のアプリもありますが、私はＪＣＢと提携し、使える店舗数が他の決済アプリに比べて格段に多いリアルカードを使っています。

その最大の特徴はチャージしないと使えないこと。

クレジットカードと連携している電子マネーの場合、オートチャージ機能を利用することで上限なく使えてしまうケースがほとんどですが、ＬＩＮＥ Ｐａｙカードは天井を自分で設定することができるのです。

かといってチャージに手間がかかるかといえば、そんなことはありません。あらかじめ自分の銀行口座と紐付けておくことでスムーズにチャージすることができ、使い勝手としてはデビットカードとＳｕｉｃａの中間といったところ。

わが家はアプリのＬＩＮＥ Ｐａｙ、家計簿アプリと連動させて、食費や日用品の購入用にも活用しています。

詳しくは後述しますが、横山家では基本的に食費と日用品代は１週間２万円と決め、週に1度、現金をおろして管理してきました。

今は5000円を家計用財布に入れ、1万5000円を家計用のLINE Payカードにチャージ。主に妻がLINE Payで食材等の生活費を支払い、財布に残る現金を子どもたちがお使い等に使います。

すると、使った額が家計簿アプリに記録され、かつ現金の支出も入力しておくと、いつ、どこで、なににいくら使ったがわかるというわけです。**家計管理は劇的に楽になりました。**

実際に使ってみてのLINE Payカードのよいところをまとめると……。

- **年会費は初年度もそれ以降も無料**
- **買い物をすると最大2%のポイント還元がある**
- **ポイントはカード残高に交換できる**
- **利用時は即座にトークでお知らせが来る**
- **ネットショッピングでも使える**
- **入金、利用履歴、残高など、アプリ内ですぐに確認できる**

・外貨両替もできる（LINE Payにチャージしているお金を外貨へ両替。事前申し込みが必要）
・家計簿アプリとも連携できる（Money Forward、Zaim）
・コード決済では最大7％のポイント還元
・銀行口座を知らなくても、LINEの友達であれば手数料無料で送金できる
・LINE Pay上で割り勘ができる

安心感があるのは、チャージや買い物をすると、LINEトークで「○○円のご利用（チャージ）がありました」と即座に連絡が来ること。

百貨店などで買い物をし、支払い時にカードが手元を離れたとしても、決裁した瞬間に連絡が来るので、不正利用など余計な不安を持たずに済みます。

まるでお金を使っていない気分。オートチャージ機能に潜むワナ

一方、クレジットカードと連携している電子マネーで、**「便利だから」とオートチャージ機能を使う場合、注意が必要です。**

以前、40代の主婦のBさんから**「キャッシュレス決済を使うようになって、家計が赤字になった」**という相談を受けたことがあります。

話を聞くと、ある月は高級食材を大量に買い込み、夫と2人暮らしにもかかわらず、月に13万円も食費に使ってしまったことがあるとか。こうした**浪費癖のきっかけとなっていたのが、オートチャージ**でした。

Bさんは「使っても、オートチャージで使える額がすぐに増えるので調子に乗ってしまった」と。残額が少なくなると、自動的にクレジットカードから電子マネーが補てんされるので、**まるで使っていなかったような錯覚**を起こしてしまったのです。

キャッシュレス決済の負の側面……とまでは言いませんが、「使いやすいこと」と「使っていい」は別のものです。オートチャージ機能は手間が省け、便利ですが、**「今、いくら使ったのか」を意識する必要性が薄れます。**

また、「自分はつねにお金を十分に持っている」と錯覚することにもなりかねません。お金がどこに、いくら出ていったのかの認識が曖昧になり、お金の使い方が散らかった状態に。しかも、使い道を整理して片づける前に、勝手に新たなお金がオートチャージされるのです。これではムダな買い物が増えてしまうのも仕方がないでしょう。キャッシュレス決済といっても、決済の方法が変わるだけで、結局は自分のお金です。財布の中身は片づきやすくなりますが、家計管理の基本は変わらないのです。

まとめ 10

つねにお金を持っている感覚――。電子マネーの万能感に注意を!

財布を開く回数を少なくする

地味ながら、効果的な支出の減らし方があります。

それは、1日の間に**財布を開く回数を減らす**ことです。

そもそも私たちは無頓着に財布を取り出しては、お金を払っているものです。

実際、あなたも今週1週間のことを思い返してみてください。昨日は何回、財布を開きましたか？　3日前は？　1週間前は？　大多数の人は「何回だっけ？」「思い出せない」「そもそも、そんなこと意識したことがない」という感覚だと思います。

そこで、今日から試しに「財布を開く回数」を意識して、1日を過ごしてみてください。意外とたくさん開いている自分に気づくはずです。

- **朝、出勤前にコンビニでサンドイッチとコーヒーを買った　500円**
- **オフィスの自動販売機でペットボトルのお茶を買った　150円**
- **昼休み、近くの飲食店でランチ　850円**
- **ランチの後、コンビニでコーヒーを買った　100円**
- **午後、出先での営業の後、カフェに入り、後輩と打ち合わせ　300円**
- **終業後、大学時代の友達と飲み会　3500円**

・**最寄り駅に着いた後、コンビニに寄って夜食を購入　1000円**

計7回。飲み会の支払い以外は、額で言えば1000円以下です。しかし、1回平均が500円だとしても、7回財布を開けば3500円です。ちなみに、この日に限っていえば、酔った勢いで買った夜食代も響いて、6400円も使っています。

1回1回は少額でも、財布を開く回数が多い人は注意を

また、仮に1日、家の近くで過ごしたとしても、通販で買った品物が着払いで届いて支払ったり、夜ご飯の用意のため食材を買いにスーパーへ行き、ドラッグストアにも立ち寄り、息抜きでスイーツを食べた……。という感じで、何度も財布を開いているのではないでしょうか。

そして、**開く回数が多ければ、それだけお金を使っているということ。**

とくに「節約しているつもりなのに、お金が貯まらない」という人は、**１回に使う額は少ないものの、財布を開く回数が多い傾向があります。**

例えば、「コーヒーは１杯１００円のコンビニで買っている」と言いつつ、隣にある１００円ショップでコーヒーに合うお菓子も仕入れてしまう、とか。ちりもつもれば山となる、ではありませんが、**１日平均３回以上、財布を開いているとしたら、それは浪費が増えているサイン**だと言えるでしょう。

まずは「財布を開いている回数」を意識する。その上で、１日３回以上開いていることに気づいたら、回数を減らすよう心がけていきましょう。

まとめ 11

「財布を開くのは1日3回まで」と決めれば、ムダ遣いが減っていく

お金をおろす回数を減らす

皆さんは**月に何回、銀行口座からお金を引き出していますか？**

1回にまとめて大きな額を引き出してお財布に入れておくと、つい気が大きくなって使いすぎてしまいがちです。

かといって、必要なときに少額をちょこちょこと引き出していると、トータルでいくら使っているかよくわからなくなり、さらに手数料を取られながら時間外に追加で引き出す羽目になったりもします。

その点、1週間に1回、手数料のかからない状況で決まった額を引き出せば、支出の把握がしやすくなり、ちょこちょこ引き出す必要がなくなります。

月曜日や火曜日など、週の前半にその週に必要な分を出金する方が、支出のコントロールがうまくいくようです。

¥ 週に1回、月曜日にお金をおろすというルール

1週間に1回、お金を引き出す習慣を始める前に、まずは現在、場当たり的にお金を使っていないか、次の3つのポイントをチェックしましょう。

- **お金を引き出す頻度**
- **引き出すときの金額**
- **引き出したお金をどのようなペースで使っているか**

何日に1回のペースで銀行口座からお金を引き出しているか。

1回の引き出し額はどのくらいで、何日くらいすると財布からお金がなくなっているか。

思い出しながら、メモにまとめてみましょう。

すると、**あなたのお金の使い方の傾向が見えてきます。**もちろん、週ごとにお金の使い方には波があるはずです。

飲み会や送別会が続く週は出費も増えるでしょうし、仕事が忙しく家と会社の往復という週は、支出は減るでしょう。

そんな特殊な事情もメモに書き加えつつ、あなたの財布に入り、出ていくお金の流れを把握していくのです。

その際、1週間に1回、月曜日に決まった額をおろすようにルール化すると、使い方の傾向がはっきり見えるようになります。傾向が見えれば、ムダな支出を抑える対策も立てやすくなるはずです。

- **まず、月曜日に1週間の予算（例：1万5000円）を財布に入れる**
- **次に、翌週の月曜日に清算して、また1週間の予算（例：1万5000千円）を財布に入れる**

簡単に言えば、このくり返しですが、回数を重ねることによって1週間の支出のペースが「視える化」してきます。

例えば、毎週月曜日に銀行口座から引き出した予算を財布に入れ、木曜日に「あれ？2000円しかない！」となれば、今週は「お金を使いすぎた」というアラートになります。

逆に、「水曜日で1万3000円も残っている！　今週は上手にお金を使えているな」と、**支出の流れが感覚的にわかってくる**ようになります。

こうして、1週間の予算をできるだけ守るように使っていくと、散らかっていた支出が片づき、引き締まっていくのです。

ちなみに、横山家では、毎週月曜日に決まった額をおろします。

その週の食費と日用品用として2万円をおろし、1万5000円をLINE Payに入れ、5000円を家計財布にしまいます。

金額は、予算と相談して決めるといいでしょう。

ぜひ、実践してみてください。

まとめ＝12

お金がなくなってもおろせない、というルールをつくって支出を管理！

週に1度、「0円デー」をつくる

私は家計相談に来た方に、「週に1回、0円デーをつくろう」と勧めています。日々、忙しく暮らしていると、**「お金は毎日使うもの」が当たり前になりがちです。**外でランチを食べればお金が出ていき、帰りにコンビニに寄ったら何か買ってしまいます。

でも、「お金を使わない」＝「0円」を意識して1日を過ごすと、意外と簡単にその常識を覆すことができるのです。

実際、相談者の方々も、最初は「1日の間、1円も使わないの？」「財布を家に忘れるとかじゃないとムリでしょ？」と驚かれますが、いざやってみると「意外とできる」「ゲーム感覚で楽しかった」という感想が返ってきます。

・ランチ代を払わないでいいように、お弁当を作って持っていく
・コンビニでコーヒーを買わないで済むように、水筒にホットコーヒーを入れていく
・移動は、余計なお金がかからないように定期の範囲内で、お店には寄らず、ま

っすぐ帰る……

そんなふうに普段の行動を振り返りながら、お金が出ていきそうなポイントを先回りして押さえてしまうのです。

小さな工夫によって、「週1回0円デー」は実現できます。

もちろん、**「0円デー」は現金での買い物だけでなく、クレジットカードや電子マネーなどの決済もしません。**

大事なのは、意識的にお金を使わない日を作ること。

振り返ってみて、「あれ？　今日は1円も使わなかったなぁ」ではなく、**自分の意志と工夫で、支出をコントロールする感覚を得ることが重要です。**

ちなみに、毎月自動引落しになっている家賃・保険料・水道光熱費・通信費、毎日必要な通勤費などは、「0円デー」の支出には含みません。

あくまでも、自分の意識次第で使わないことを選択できるお金に限ります。

お金も時間も豊かになる！ 0円デーのすごい効果とは？

「0円デー」を習慣化すると、次のような効果が得られます。

・計画的になる

あらかじめ「お金を使わない日」が決まるので、食費や日用品の買い物も事前の計画が必要になります。買い物の回数が減り、ムダ遣いしそうな機会が減るので節約につながります。

・自制心が身につく

当然ながら「0円デー」は買い物ができません。コンビニやお店に立ち寄るのはかまいませんが、財布を開くわけにはいかないのです。

このジレンマが自制心のトレーニングになり、衝動買いをしにくくなり、本当に必要

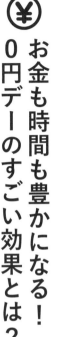

な物だけを買う習慣が身につきます。

・時間ができる

副次効果ですが、「0円デー」は寄り道をせずに帰ることを促すので、**お金が減らない分、自由な時間が増えます。**

アフター5に帰宅後、ジョギングをする。

撮りためていたドラマや映画を見る。

家族とゆっくり話す。

本を読む。

ガーデニングを楽しむ……。

そんなふうに有意義な時間を過ごすきっかけにもなります。

「0円デー」は〝お金の断食〟のようなものです。これを機会に、お金に振り回される日常をリセットしてみましょう。

まとめ #13

0円デーは〝お金の断食〟みたいなもの。自分を見つめ直すいい機会になる

お金が貯まる人が やっている 財布の整理術

財布を新調して整理したとしても、**片づいた状態が長続きするかは別の問題**です。本人の意識が財布やお金に向いていないと、時間がたつにつれて〝小さいブタ財布〟になってしまう可能性は否めません。

その点、お金が貯まる人はこんな片づけ方を習慣化して、財布をすっきりした状態に保っています。

- **1日の終わりに財布の片づけタイムをつくる**
- **お札は金額順に上下、裏表を揃えて並べる。すると、財布にいくら入っているかがひと目でわかる**
- **財布に入り切らない小銭は貯金箱へ**
- **片付けタイムに、レシートを取り出す**
- **取り出したレシートは写真に撮って、ゴミ箱へ**
- **3か月に1回、クレジットカード、ポイントカードの必要／不必要をチェックする**
- **3か月の間に1度も使わなかったカード類は、財布から〝退場〟させる**

普段から財布を整理しておくと、自分のお金の使い方のリズムを把握することができます。なぜなら、**財布は「日々出ていくお金を管理する場所」**だからです。

ここがうまく管理できないと、お金はどんどん出ていき、なかなか貯まりません。

1日の終わりにお札や小銭を整理し、レシートを取り出しながら、生活のためにどのくらいのお金が財布から出ていっているかを再認識しましょう。

¥ 急な出費に備えるために〝非常用財布〟を用意しよう

また、日々の生活では突発的に出費が発生することがあります。

子どもが急に、学校で集金があると言ってきたり、ペットの具合が悪くなり、治療費がかかるとか、家族が代引きで注文した品物が急に届いた……等々。

そのとき、小さな財布に入れている現金では対応できないこともあるでしょう。

そこで、私は**万が一に備える「非常用財布」（サブ財布）を家庭に常備する**ことも勧めています。横山家では使っていなかった大きめの財布に家計の予備費（数万円）を入れ、リビングの引き出しに入れてあります。

予備費の額は、あなたの家庭で予想できる突発的な出費額に合わせて調整しましょう。万が一に備えた非常用財布があることで、日常的に使う小さな財布に余計なお金を入れずに済むようになります。

「小さな財布」と「非常用財布」。この財布管理術は、1人暮らしでも、ご夫婦、ご家族でもやり方は変わりません。**財布に役割を持たせることで、お金の流れが整います。**

ぜひ、あなたも今夜から財布の片づけを始めてみてください。

¥

まとめ＝14

1日の終わりに、財布を整理する習慣を！　お金の流れが整います

POOR for CASHLESS

第3章

1年で100万円貯まる!「貯金ノート」の使い方

財布を小型化したら、次は「貯金ノート」に着手!書くだけでお金の流れが整理できるから、みるみるムダが減り、お金が貯まり始めるはず!キャッシュレス時代に対応した〝家計簿〟の使い方を紹介します!

横山流・お金の流れを把握するメモの習慣

私は、**いつの間にか財布のお金がなくなっていると不安**になります。

「あれ？　財布にあった1万円……いったい何に使ったっけ？」という状態になると、仕事をしながらも、家族と話しながらも、頭の片隅で「どこに消えたんだろう？」と記憶をさかのぼり続け、モヤモヤした時間を過ごすことになります。

できるだけそうした状態にならなくてすむように、**私がもう10年以上続けているのが、使ったお金の「用途」と「額」をメモする習慣です。**例えば、こんな具合です。

・タクシー代／3000円
・飲み代1／5000円
・飲み代2／1万円
・コンビニで買物／1000円

といった感じ。**手帳に簡易的なお小遣い帳をつけている**ようなイメージです。

100円単位は切り捨てます。金額の正確さよりも、お札がどこへ消えていったかをはっきり「視える化」することに重点を置いています。

¥ 何にお金を使った……？思い出せないと気持ち悪い

額が減ったことよりも、数百円単位の計算が合わないことよりも、お金がどこに消えたかがわからない状態が気持ち悪い――。そんな自分の性分に合わせて最適化した「視える化」が、この手書きメモです。

使っているのは、１００円ショップで売っている3冊セットのミニノート。そこにお金を払うたびにささっと走り書きをしています。

一緒にいる人は、「さっきまで酔ってご機嫌だったのに、急に真顔になって何を書いているの？」と怪訝そうですが、どんなに酔ってもこのメモだけはつけています。

それは書くことによって、**自分の中で使ったお金の行方がはっきりし、気持ちがスッキリする**からです。

翌朝、財布を見て、「あれ？　何に使ったっけ？」と思い返すモヤモヤ感に比べれば、周りに「またなんか書いている」と思われていたとしても、その場で書いて、「はい、終わり」と区切りをつけたい。寝る前の歯磨きのような習慣になっています。

ファイナンシャル・プランナーという職業のイメージとは異なるかもしれませんが、私は飲みに行くのが好きです。お金はかかりますが、使ったことには何の悔いもありません。ただ、使いみちがわからないことに悔いが残るので、メモをつけています。

これは私なりのこだわりですから、同じ方法を勧めるつもりはありません。ただ、支出を書き出すことで、お金の流れが見えやすくなるのは事実です。

3章では、家計の「視える化」の実践法をさらに紹介していきます。

まとめ＝15

使った金額をその場でメモ。お金も気持ちも整理できてスッキリ！

1か月に いくら使っているか、 把握していますか？

あなたは、家計簿をつけていますか？

支出を「視える化」し、お金をやりくりするのに最も適した方法が、家計簿です。そう聞くと、「結局、家計簿か……。つけ始めたことはあるけど、何度、挫折したことか」とうんざりされてしまうかもしれません。

この「家計簿をつけるのは面倒……」という声には、私も全面的に賛成です。食費、被服費、通信費など、複数の費目があり、1円単位まで書き込める欄があり、毎日の細かい支出を記録する一般的な家計簿を続けられる人は、ある種、特別な忍耐力を持った人かもしれません。

しかし、ここまでくり返してきたように、キャッシュレス化により、支出が気づかないうちに増えてしまっている人にとって、まずは支出を「視える化」し、**必要な支出、不要な支出を洗い出す**必要があります。

その最適な手段が家計簿です。「家計簿を制するものはお金を制す」といっても過言ではないくらいの効果を発揮してくれます。

例えば、家計相談をしていて「1か月にいくらくらい使っているか、把握していますか?」と聞くことがあります。

するとと、多くの方が「赤字にはなっていないはず」と言いながら、月の収入の8割か、9割くらいの額を「これくらいかな」と答えてくれます。

最近、相談を受けたCさんは、月の収入が25万円で、「家賃と生活費もろもろ全部で、20万円くらいだと思います。でも、貯金はなかなか増えないですね」とのこと。

感覚的には収入の中に支出が収まっているという認識ながら、**「言われてみると、お金が残っていないな」**と首を傾げていました。

実際に、Cさんの1年間の貯金額の推移を見てみると、減ってこそいないものの、増えてもいません。

Cさんの家計で何が起きているかというと、1章でも触れた**「隠れ赤字状態」**です。ご本人の認識とは違い、実際は毎月の収入以上に支出があり、そこで出た赤字をボーナスで補っていたのです。

その結果、気づくとボーナスは過去の支払いの補填のために消えていき、貯金が増えないまま、月日が流れていたのです。

¥ 一般的な家計簿では対応できない。まずは、1項目だけつけてみる

Cさんのように隠れ赤字に悩む家計はめずらしくありません。そして、こうした家計を立て直すとき、一般的な家計簿はあまり役に立ちません。

なぜなら、管理する費目が多すぎて書き続けることが難しく、継続しないからです。

そこで、家計簿に苦手意識がある人は、次の3つのステップで家計の支出を「視える化」していきましょう。

ステップ1．変動費のうち、1項目だけ1週間記録する
ステップ2．1か月分のレシートを取っておき、ひと月の支出を把握する
ステップ3．支出を「現金」「電子マネー」「クレジットカード」の支払い別に記録

1つ目のステップは日々、財布から出ていく変動費のうち、1項目だけ1週間記録

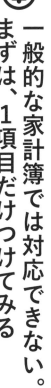

するというもの。私が100円ショップのミニノートにメモしているように、「これを記録しよう」と決めた1つの費目だけ、お金を使ったら金額を記入していきます。

どの費目にするかは、日頃、自分が浪費していると自覚のあるものがいいでしょう。外食が多いなと感じている人は食費、スマホゲームの課金など趣味の買い物が増えている人は趣味娯楽費、飲み代が多いと思っているなら交際費。

そんなふうに1つの費目に絞り、1週間の支出を記録します。

ちなみに、とくに「この費目」が思い当たらない方は、つい浪費してしまいがちな「食費」で試してみましょう。

理想は、買い物をした後、外食をした後に、レシートを見てすぐにメモするやり方ですが、1日の終わりに思い出せる範囲で書き記す方法でもかまいません。

これを1週間続けると、「食費」をはじめ、あなたが「浪費しすぎかも」と自覚している費目の支出額がほぼ正確に「視える化」されます。

この1つ目のステップで感じて欲しいのは、**記録すると問題が把握できる**という実感です。お金を貯められない人は、「毎月の携帯代はいくらですか?」「水道代は?」

「月初めに支出が増えるのはなぜ?」といった質問に即答することができません。それは自分が、いつ、何に、どれくらいのお金を使っているか把握できていないからです。**「家計はなんとなく回っているのでいいか」とそのまま放置していると、いつまでも問題が表面化しません。**

そんな状況を打破するために、1つの費目について「視える化」しましょう。

まずは手を動かすこと。部屋の掃除も、**1つの場所をきれいにすると他も気になり始める**ように、家計の支出も1つがわかると他も知りたくなっていきます。

可能なら、次の週は他の費目で同じやり方をやってみてください。

1つ目のステップを踏むことで、家計を把握する力が育まれ始めます。

¥ 家計簿アプリを使えばいい? ただし、向いていない人がいる

ここまで読んで「家計簿アプリ」を使って家計簿をつければ、楽になるのでは? と

思われたかもしれません。また、すでにアプリをダウンロードして使っているかもしれません。

スマートフォン向けの家計簿アプリは有料、無料のものが提供されており、口座の出し入れを自動で記録する機能や、レシートの写真を撮るだけでデータ入力が済んでしまう機能など、日々進化しています。

しかも、つねに持ち歩いているスマホならば、いつでもどこでも入力できるという利点もあります。

しかし、私は**家計簿アプリをしっかりと活用できるのは、家計管理の上級者**だと考えています。機能面はたしかに便利ですが、支出を把握する力を鍛えるとき、それも基礎から鍛える場合には、ベストな選択とはいえません。

というのも、家計簿アプリの多くは、月々の予算や詳細な項目の振り分けを前提として作られています。つまり、**「完璧な家計の記録」**を目指して設計されているのです。初心者にとっては、記録はできたとしても、振り返ってチェックするのは難しい面があるようです。

その点、1つの費目だけ1週間記録するという支出メモは手軽で、振り返りも容易です。

シンプルだからこそ、「視える化」の効果も高い。家計簿への挫折経験がある人、はじめての家計簿へのチャレンジという人ほど、**紙のメモからスタートを切る**ことをおすすめします

まとめ＝16

「隠れ赤字」を改善するには、手書きの家計簿が一番です！

お金の整理術 17

いくら使っているかわかりにくい「変動費」を把握しよう

2つ目のステップは、「ひと月の支出を把握する」です。1か月の間に**財布から出ていったお金全体の「視える化」**にチャレンジします。守るルールは次の4つです。

- **お金を使ったら、必ずレシートをもらうこと（ない場合はメモ等で保管）**
- **1日の終わりや翌日の朝に財布からレシートを取り出し、まとめておくこと**
- **できれば毎日、ムリなら週に1度、曜日を決めて記録すること**
- **1週間に1回まとめたレシートの金額を足して、総額を出すこと**

これを4週間続けると、その月に財布から出ていった支出（食費、雑費、交通費など、主に変動費）が明らかになります。

従来の家計簿との違いは、**支出を細かく費目に分けて記録するのではなく、レシートの数字をどんどん足し算していくだけ**という手軽さです。

- **コンビニで972円**
- **ドラッグストアで1240円**

・定食屋で850円

週末の夜にでも電卓片手にポンポンと足していきましょう。

¥ 固定費は書かない。日々の変動費だけを記録していく

これは私の経験からも言えることですが、一般的な家計簿をつけるとき、出ていったお金を費目に分けていく作業こそ、つまずきの原因となります。

例えば、消費税の軽減税率制度ではないですが、食費を外食費と食材費に分けて記録するなんてことをし始めると、気の遠くなる作業になってしまいます。

ここでは食費も雑費も交際費も交通費も関係なく、レシートに記載された合計額だけに注目して支出の数字を記録していきましょう。

「飲み代を割り勘して3000円払った」など、レシートに残らない支出に関しては、

その場でメモ書きして残しておくことをお勧めします。1週間に1回、総額を計算し、1か月分のレシートをすべて足し終わると、ひと月の支出額が見えてきます。

ただし、ここで出る支出の総額には、定期的に口座から引き落とされる家賃や水道光熱費の基本料金部分、通信費（携帯電話、インターネットなど）の基本料金部分、生命保険の保険料、教育費など、家計の固定費は含まれていません。

つまり、ひと月の間に財布から出ていったお金が、もし収入の7割、8割を占めているとしたら、確実に使いすぎだといえるわけです。固定費を払ったら、赤字は間違いないでしょう。**キャッシュレス貧乏の主な原因は、この変動費にあります。**ぜひチェックしてみてください。

まとめ＝17

キャッシュレス貧乏の原因は、変動費にあり！　記録して把握を！

「現金払い」「電子マネー払い」「クレジットカード払い」の3つに分ける

２つ目のステップまでクリアすれば、支出を「記録」することにだいぶ慣れてきたはずです。

そこで次に取り組んでいただきたいのが、日々の支出を、「現金払い」「電子マネー払い」「クレジットカード払い」という、３つの支払い別に整理することです。

その狙いは、**キャッシュレス決済によって、さらに見えずらくなってしまっている支出を、「視える化」すること。**

ここ１、２年で一気にキャッシュレス決済が広まったことで、支出が〝散らかっている〟人が増えているようです。家計相談の場でそれを実感しています。

Dさんは30代独身の会社員で、ＰａｙＰａｙやＬＩＮＥＰａｙの**キャッシュバックキャンペーン**や、**ポイント増額キャンペーン**などを積極的に活用していました。

とくにＰａｙＰａｙがスタート時に行った大規模な全額キャッシュバックキャンペーンのときには、全自動掃除機やホームベーカリーなど、家電を中心にキャッシュバックの上限金額である25万円近く買い物をしたそうです。

残念ながら全額キャッシュバックは適用されませんでしたが、十分なポイント還元を受けたDさんは、その後もキャッシュレス決済を使うようになっていきます。

ところが、ボーナスが出た直後、銀行口座からお金を引き出そうとしたところ、残高の額が思った以上に減っていることに気づきました。

入ったばかりのボーナス、毎月の給料の残りを合わせて「これくらいはあるはず」とDさんが思っていた額よりも、**50万円近く残高が少なかった**のです。

慌てて原因を調べてみると、**キャッシュレス決済の使いすぎが貯蓄を食い荒らしていたことがわかりました。**

3つのキャッシュレス決済、あなたはどれを使っている？

レジで、スマホやカードを端末にかざすだけで支払いが済むキャッシュレス決済。

現在、キャッシュレス決済の分類は大きく分けて3つの方式があります。

・プリペイド方式（前払い）
・ポストペイ方式（後払い）
・デビット方式（即時払い）

3つの違いは、簡単に言えば支払いがいつになるかということ。その特徴を知ると、上手に、お得に利用することができます。それぞれの特徴を詳しく見てみましょう。

・プリペイド方式（前払い）

これはいわゆる**「チャージをして使う」もの**です。利用金額の上限を設けやすく、支出の管理がしやすいキャッシュレス決済です。

LINE Payカード、KyashやauWLLLETなどが、クレジットカードブランドがついたプリペイド型カードとして知られています。「電子マネー払い」の代表格であるSuicaやPASMOのような交通系電子マネーや、スマホ決済アプリのLINE Pay、PayPay等も使い方によってはプリペイド型にできます。

・ポストペイ方式（後払い）

代表的なものは、クレジットカード。クレカ払いでは**買い物などで使用した金額を1、2か月遅れて支払う「後払い」となります。**クレジットカードと連携するiDやQUICPayなどのペイ払いもポストペイ方式に当てはまります。

また、「電子マネー払い」の「オートチャージ」の機能も後払いです。オートチャージは電子マネーのカードの残高が少なくなると、預金口座やクレジットカードから自動的にカードにチャージしていく仕組み。使いすぎに注意が必要です。

・デビット方式（即時払い）

銀行口座から「即時引き落とし」して支払うもの。デビットカードが代表的です。デビットカード方式のiD等もこの中に入ります。

3つの方式はいずれも便利な支払い方法です。現金の持ち合わせがなくても電車やタクシーに乗ることができ、買い物やレストランで食事もできます。

ただiDひとつとっても、デビット型・プリペイド型・ポストペイド型があるように、支払い方式がたくさんあり、支出の管理も複雑になっています。そのため**便利さに頼りすぎると「結局、いくら使ったのかわからない状態」になってしまいます。**自分なりの使い方のルールを持つことが大切です。

もちろん、先ほどＬＩＮＥ Ｐａｙをお勧めしたように、キャッシュレス決済を否定するつもりはありません。大切なのはどう使い、どう向きあっていくかです。

今までにない支払い方法が増え、決済方法も多様化し、**財布から現金が出ていかない分、使った感覚が乏しくなっていきます。**そんなとき役立つのが、日々の支出を、前述の３つの支払い別に分ける方法です。

本書はそのための〝家計簿〟を用意しました。書き方は次項で解説していきます。

まとめ＝18

「現金」「電子マネー」「クレジットカード」どれで支払ったか記録しよう！

実践！
1か月お試し
「支払い別・家計簿」
の書き方

前項までで述べてきたように、今、私たちはお金を支払うとき、いくつもの選択肢を持っています。

現金で払うのか、クレジットカードで払うのか、またはスマホで電子決済をするのか……。どれか1つにしているというより、**「現金払い」「電子マネー払い」「クレジットカード払い」の3つを併用している人が多い**のではないでしょうか。

そのため、現金ではいくら使い、クレジットはいくら分が後から請求されるのか、ほとんどわからなくなっています。

しかし、「払えるから、まあいいか」と問題解決をしないため、月々の家計は気づかぬうちに赤字になっている、つまり隠れ赤字の人が増えているとお伝えしてきました。

そこで、それぞれの支払い方で、いったい月々いくら使っているのかを、まずは把握し、それをもとに改善を図っていってほしいと思います。

用意したのは、買い物をしたときに、「現金払い」「電子マネー払い」「クレジットカード払い」の3つのいずれだったかを記入する家計簿です（144ページ〜参照）。

¥ どの手段で支払ったか大ざっぱに書いていこう

書き方は簡単です。

1日の終わりに、その日に支払った金額を「現金払い」「電子マネー払い」「クレジットカード払い」に分けて、書き込んでいきます。

書き込む金額は、正確にわかるものは正確に、ざっとしかわからないものは概算でかまいません。1円単位の正確性よりも、毎日書き込み、1週間、1か月と続けていくことが重要だからです。

会計事務所でも銀行でもないのに、細かく書いてピタッと数字を合わせて……というのは目的が違います。

細かく書き込むことよりも、現状がわかるまで気長に書き続けることを大事にしていきましょう。

ちなみに、私は小さめのノートに、「コンビニ、900円」と書き込む際、「クレカ払い」や「電子マネー払い」の場合は用途と金額をカッコでくくり、横に丸印でクレカ、電子と書くことで仕分けています。

書き方については次ページからの家計簿内の説明、および148ページ以降で確認ください。記録することであなたの支出の傾向がわかるとともに、どこにムダがあるかが見えてきます。そこを削っていけばお金は貯まり始めるでしょう。つまりこれは、家計簿でもあり、**記録するだけでお金が貯まるノートでもある**のです。

まとめ=19

家計簿というより、記録することでお金が貯まるすごいノートなのです！

まずは今日1日、何に、いくら、どの決済手段でお金を使ったのか、記入してみましょう！
あなたのお金の使い方の傾向が見えてきます。そして、使いすぎの原因も見えてくるはずです。
146ページのURL、QRコードからダウンロードして、1か月続けてみよう！

／　（金）	／　（土）	／　（日）

合計金額

❸ まずは1週間続けてみよう！

最初は記入を忘れる日もあるでしょうが、気にせず、できる日だけでいいので書いていきましょう。1週間すべて埋まったら、次は1か月をめざして続けてみてください。

1週目の合計金額
3つの合計額を合わせた額を記入

円

比較しよう！

前月の1週目の合計金額

円

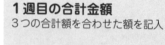

¥ 変動費を記入しよう!

（○月第１週）

	／ （月）	／ （火）	／ （水）	／ （木）
現金払い	・自販機140円 ・書店1500円 ・飲み会3500円	・自販機250円		
電子マネー払い	・コンビニ1200円 ・ドラッグストア1800円	・コンビニ950円 ・ユニクロ4500円		
クレジットカード払い	・アマゾン2500円 ・タクシー1600円 ・映画代1800円 ・アマゾン1100円	・アマゾン1100円		

記入の仕方

❶ 何で支払ったかを意識しよう

さあ、目指すのは上の表を埋めつくすこと! まずは買い物などでお金を支払う際に、現金で払ったのか、クレジットで払ったのか、PASMOなどにチャージして払ったのかを、意識しましょう。

❷ その場で、または寝る前に記録

お金を支払ったら、できればその場で支払い方法と金額をメモしておきましょう。もしくは、レシートをとっておいて、寝る前に上の表に記入。続けやすい方法でやってみて下さい。

まずは左下の図に、1週間の使用金額を、支払い方法別に記入していきましょう。
右ページには、お金の使い方で気づいたこと、工夫したことを記入。
それを踏まえて、来月の目標貯金額を設定し、ぜひクリアしていきましょう！

◎ 自分のお金の使い方について気づいたこと

例）最近、クレジットでの支払いが増えている。便利だからつい使ってしまう

◎ 節約のために工夫したこと

例）クレジットカードを持たない日をつくった。オートチャージはやめた

◎ 来月の目標貯金額

例）1か月の使用額を5万円に収め、5万円貯金する

下記URLよりダウンロードして、今日から記録してみよう！
http://www.cm-publishing.co.jp/cashless-poor_dl/
QRコードはこちら ▶

¥ 1か月の振り返りをしよう!

現金・電子マネー・クレジットの各週の使用金額を塗ろう!

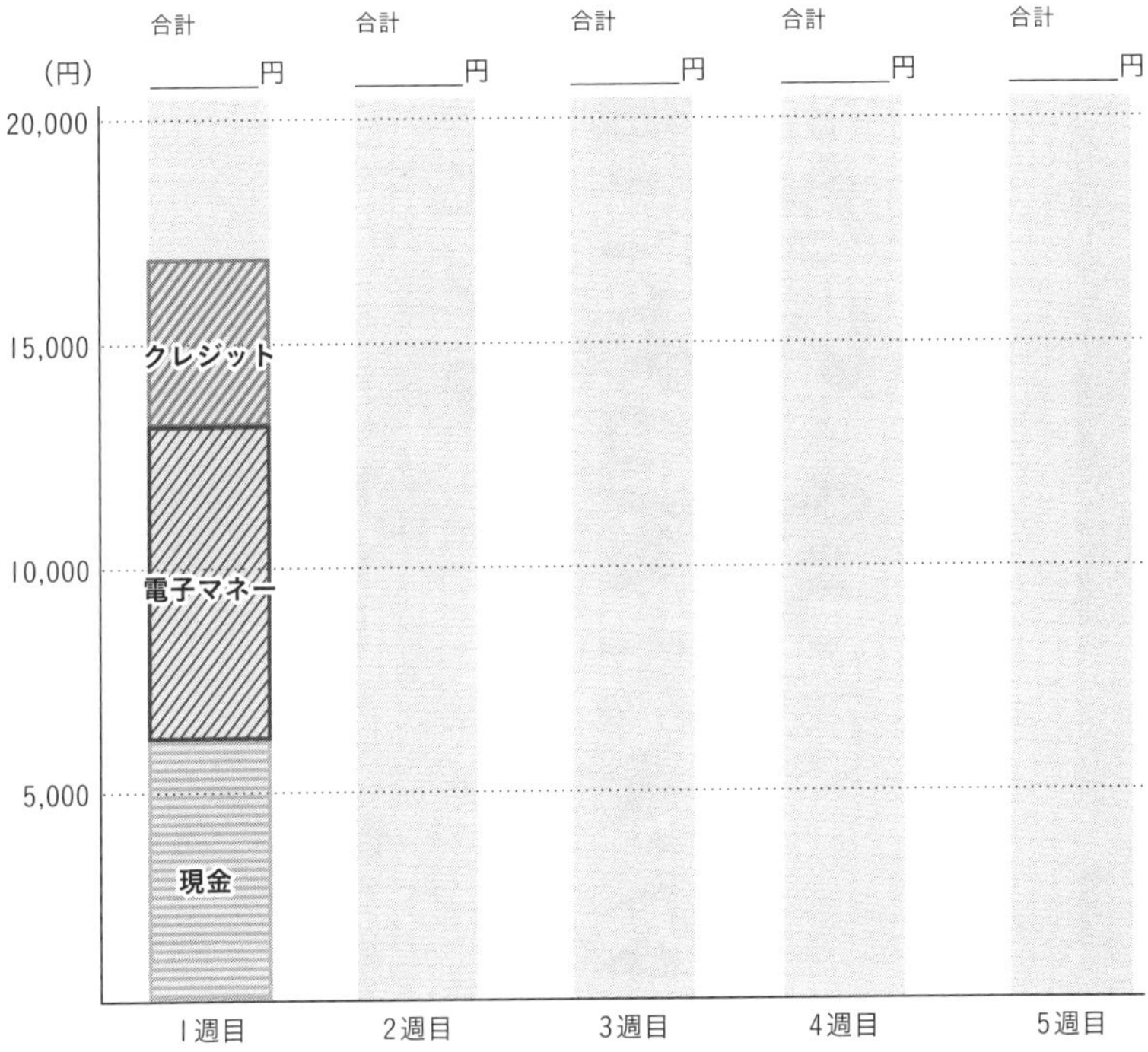

1か月の合計金額

円

※左に1か月の合計金額を記入してください。「黒字家計」の平均的なお金の使い方は、月の収入に対して変動費の割合が35%、固定費が45%程度です。残りの20%を貯金に回すイメージです。この割合を目安にして、支出をコントロールできるよう意識しましょう!

1～5週目の使い方をチェック！週によって大きな変動がないように

前項で紹介しました、支払い方法別の家計簿（貯金ノート）、ぜひ実践してみてください。

くり返しますが、まずは1週間、「現金払い」「電子マネー払い」「クレジットカード払い」で使ったお金を、それぞれの欄に記入してください。

ただし、ここで出る支出の総額には、銀行口座やクレジットカードで定期的に引き落とされる家賃や水道光熱費の基本料金部分、通信費の基本料金部分、生命保険の保険料、教育費など、家計の固定費は含まれていません。

1週間やったら、2週目、3週目、4週目、5週目と、続けて書いていきましょう。

そして、147ページにある棒グラフに、**「現金払い」「電子マネー払い」「クレジットカード払い」の割合**を書き込み、3色で塗り分けてみてください。

現金払いの割合がまだ多いと感じる人もいれば、思った以上にクレジットでの支払いが多く、そのせいで支出が想像以上に多かったと感じる人もいるでしょう。

人それぞれ感想は違えど、皆さんの**現在の「お金の出ていき方」の傾向がはっきり見えてくる**はずです。

そうした発見を含め、棒グラフの右にあるコメント欄には、「節約のために工夫したこと」「キャッシュレス決済を使っていて気づいたこと」など、その月のお金の使い方に関する雑感を書き込んでいきます。

そして、コメント欄には次の週もしくは、次の月に向けた改善点や達成したいことを書き込んでいきましょう。

・次の月は、1週間の支出を〇〇〇円に抑える
・クレジットを含めた電子マネーを使いすぎなので、現金しか使わない週を1週間つくる
・コンビニに行く回数が多すぎるので、行かない日を設定する

といった具合に書き込み、次の月に活かしていくといいでしょう。

¥ 給料日後に現金を使いすぎる？ 給料日前は電子マネーで決済？

また、棒グラフが1か月分揃ったところで、**週によってお金の使い方に変動があるかどうか**をチェックします。

家計相談をしていると、家計簿にチャレンジした最初の週は、皆さん節約を意識するため、支出が少なくなる傾向があります。

ただ、それが3週目、4週目にゆるんできて月の後半に棒グラフがぐんと伸びてしまうことも。

ダイエットのリバウンドと同じで、ムリな節約には、必ず反動が出ます。

あるいは、2週目、3週目に使いすぎてしまい、帳尻を合わせるために4週目はぐっと支出を抑えるというタイプの人もいます。

現金の持ち合わせが減ってくるので、最後にいくにつれクレジットカードでの支払いが増えていく人もいるかもしれません。

いずれにしろ、147ページの**棒グラフにはあなたのお金の使い方と、どの決済手段で払っているかが明確に表れます。**

もし、明らかに使いすぎてしまっている週があるのなら、翌月はそこで財布のひもがゆるまないよう対策を施しましょう。

具体的には、**財布を開く回数や、キャッシュレス決済の回数を1日3回以下**として徹底するのがお勧めです。

前述しました**「0円デー」を、もう1日増やしてみる、**などの方法も効果的です。

2か月目に入ったら、その週の前月の支出額と比較してみるのもいいでしょう。

2か月目は、1か月目より、「お金の出ていき方」を意識していますから、支出が減っている期待は大きいです。

逆に、特別な出費がなかったのに、使う額が増えていたり、ほぼ変わらない場合は、もっと意識をしてほしいと思います。

これを可能であれば1か月、2か月で終えるのではなく、半年、1年と続けていきましょう。
継続することによって、あなたのお金の使い方のパターンが「視える化」し、改善すべきポイントがはっきりしてくるからです。

まとめ＝20

家計簿をつけると、あなたのお金の弱点がひと目でわかる

現金、電子マネー、どちらで払う方がお得なのか？

家計簿をつけることで、あなたのお金の支払い方の傾向がよくわかったでしょう。

ここで合わせて確認しておきたいのが、「現金払い」「電子マネー払い」「クレジットカード払い」のどの支払い方法が「お得か？」ということです。

現金払いはお金の流れが見えやすいというメリットがあるものの、クレカ払いや電子マネー払いでのポイント還元やキャッシュバックなどの特典はありません。

そういう意味では、**支払いの割合の大部分を現金払いが占めている人は、少し損をしている**とも言えるのです。

私は過去の本でもデビットカードを紹介し、自分でも愛用しているので、クレジットカードの否定派であり、現金派と言われることがあります。

しかし、決してそうではありません。

最近は、ネットショッピングなどを中心に、クレジットカードでなければ決済が面倒な場面も増えています。

また、「お得かどうか」という面から考えると、同じ金額を支払うことでポイントがつくクレジットカードと比較すると、現金払いにはメリットがないとさえ思います。

クレジット払いの最大のメリットは、ポイントがつくことです。

貯まったポイントは商品や景品と引き換えることができますし、ポイントで買い物ができるカードもあります。

ですから、「クレカ払いと現金払いで支払額が変わらないもの」については、**クレジットカードを使った方が「お得」です。**

とくに各社がポイント還元のキャンペーンを行う時期などは、クレカ払いを有効に活用することで、家計を助けることができます。

また、海外旅行などで出かける際も交通費や宿泊費を手持ちのクレジットカードの中でも海外旅行傷害保険がついているカードで支払うことをお勧めします。

今では大抵のクレジットカードに海外旅行傷害保険が付帯されていますが、その保険を使うためには、そのクレジットカードで支払った旅行かどうか、という条件がついてくるケースがあるからです。

その条件を知らずに現金払いで旅行を手配すると、新たに旅行保険に加入する手間と費用がかかってしまいます。

㊎クレジットカードで支払った方が得なケース

また、次項で詳しく解説する「固定費」に関しても、クレカ払いが有効です。

生命保険料などはその代表的存在ですが、**まとまった額を定期的に払うときこそ、ポイント還元のあるクレカ払いが「お得」です。**

最近は家賃もクレカ払いができることがありますので、不動産会社に問い合わせてみましょう。

加えて、クレカ払いをすることで、**料金が割引になる支払い**もあります。

電気会社などによっても異なりますが、電気代、ガス代などが割引される仕組みもあります。

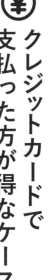

また、あまり知られていませんが、**国民年金の保険料もクレカ払いで前納すると割引になります。**

割引率は前納期間によっても異なり、1年分前納すると、約1か月分が割引に。当然、クレカ払いですから、支払った分のポイントもつきます。

一方で、クレジットカードを利用する際は、絶対にリボ払い（リボルビング払い）をしないよう心がけましょう。

通常、クレカ払いは使った分が翌月、または翌々月に一括で引き落とされるシステムです。

しかし、リボ払いを選択すると代金を分割して毎月、一定額が引き落とされることになります。毎月の支払いが固定され、支払いのリズムがわかりやすく、月々の負担が軽くなるというメリットはあるものの、じつはリボ払いの利率は、非常に高く設定されています。

例えば、100万円の買い物をリボ払いにしてしまうと、利息は15%、単純計算で年間15万円くらいです。

すると毎月のリボ払いの支払い額を2万円に設定していた場合、そのうち1万2500円が利息分の返済に回り、元本分はたった7500円しか返していないということに。

つまり、リボ払いは払っても払っても元本がなかなか減らず、クレジット会社が金利収入を得られる仕組みになっているのです。

さらに注意が必要なのは、「ポイント還元率2％」などと景気のいいコピーが書いてある「リボ払い専用カード」です。

クレジット会社としては、通常のクレジットカードのポイント還元率の倍以上である2％のポイントをつけても、リボ払いしてもらえれば十分に利益が取れます。

そこで、高ポイント還元をうたい、目先のお得に惹かれる人を待ち受けているのです。

リボ払いをしている人のほとんどは、お金が貯まらない悩みを抱えています。

もし、あなたが今、リボ払いをしているのであれば、すぐに一括返済の手続きに変更することをお勧めします。

¥ 電子マネーは便利だが、クレジットと紐づけるときに注意

日々の支払いで「電子マネー払い」を使うメリットは、「小銭が出ないので、財布が膨らまない」「気軽に、スムーズに買い物できる」「ポイントがつき、そのポイントは電子マネー化できる」といったところです。

気をつけたいのは、ポイント欲しさに必要のないものを買ってしまわないこと。そして、複数のサービスを使いすぎて、支払いが散らかり、いくら使ったかわからない状態にならないことです。

そのためにも「電子マネー払い」のサービスは1つか2つに絞り、紐付けるクレジットカードも1枚か2枚に限定しましょう。

現金払いでの家計管理も、クレカ払い、電子マネー払いでの家計管理も、基本的な考え方は同じです。

今後はますますキャッシュレス決済が普及していくので、早く慣れていくことが求

められます。
今のうちから少しずつあなたに合ったやり方を考えておきましょう。

まとめ ‖ 21

生活スタイルに合わせて、得する支払い方法を選ぼう！

「固定費」は
もっと節約できる！
固定費と変動費の
理想の割合は？

お金が貯まる家計では、「固定費」にひと工夫を施しています。

ここでいう固定費とは、毎月一定額かかる支出のことです。住居費、生命保険料、通信費、教育費、小遣い、ペットにかかる費用、自動車などのローン、毎月課金されるアプリや有料放送代、定期購入するコンタクトレンズなどといったものが該当します。

この生活に必要で、当たり前に出ていっている支出を見直すと、大きな節約効果を得ることができます。しかも、毎月変わる変動費と異なり、**一度整えれば、その効果は自然と続く**ので、家計相談では必ず取り組むようお勧めしています。

固定費を整理するには、まず**「毎月一定額かかっている支出」を「視える化」する**必要があります。あなたの家計で固定費に当てはまる費目について金額を書き出して、チェックしていきましょう。

各費目を書き出したら、次はシミュレーションをしてみましょう。といっても、難しい作業はありません。次のような問いかけを自分に投げかけていきます。

・「うちは生命保険料が高いけれど、見直したら安くなるかな?」

・「通信費を節約するには、格安スマホがいいらしいから、替えるべきかな？」
・「マイカーを手放してカーシェアリングを使ってみたらどうなるかな？」

それぞれの問いに対して、現状通りでいいと自信を持って言えるようであれば、その固定費の支出はそのままでいいでしょう。

逆に少しでも「変える余地がある」と思ったなら、行動開始です。契約プランを見直したり、解約したり、支出を減らす方向で動き出しましょう。以下、固定費の見直し方を紹介していきます。

¥ 生命保険料、通信費、電気ガス代……節約するには？

【「生命保険」の内容はあなたの生活に適している？】

あなたは自分の加入している保険の内容について、きちんと理解をしていますか？

生命保険は、時として〝**悪い固定支出**〟となります。実際、家計相談においても保険料が高すぎる方を多く見受けます。なかには毎月10万円を超える金額を負担している方もいました。

すべてがムダなものではありませんが、同じ内容のものに重複していたり、効果の薄い貯蓄型の保険に加入していたりと、見直す余地のあることがほとんどです。逆に、今の年齢で必要な保障がついていないこともあります。

年齢や家族構成の変化に合わせて保険の内容を見直すと、固定費が軽減され、毎月の家計にゆとりをもたらすことができます。同時に保障内容も充実し、生活そのものの安定にもつながります。

【格安スマホで通信費の削減を】

家計相談では、固定費の削減に格安スマホをお勧めすることがよくあります。

格安スマホが合う人は、通話量が少ない人が中心ですが、最近はプランも充実し、様々な選択肢が増えてきました。

テレビコマーシャルも頻繁にかかり、格安スマホの普及はどんどん進んでいる印象もありますが、講演で100名くらいの方に「切り替えした人!」と聞いてみても、5、6人程度しか挙手していただけません。意外と切り替えしている人は少ないようです。

とはいえ、**格安スマホの安さは大手キャリアに比べて際立っています**から、切り替えることで固定費を大きく削減することができます。

格安スマホは契約の仕方がいくつかあり、パケット量だけを見るのではなく、音声(通話可能)がついているのか、SMS(メッセージ可能)がついているか、データ(インターネット)のみかなどをチェックして決めるといいでしょう。

我が家は家族8人が格安スマホを使うことで、**1か月の使用料を8人で1万円ほど**に抑えています。

ちなみに、契約の仕方は、私が音声SIM1枚2000円ほど、妻と小学生の娘と息子の分と合わせて音声SIM1枚、データSIM2枚で2500円ほど。

長女・次女がそれぞれ音声SIM1枚で、1人1800円ほど、3女・4女が各データSIM1枚、2人で2000円ほどです。

大人は電話で話をすることもあるので音声通話可能にしていますが、子どもはLINEやTwitter、Instagramなどを使うことが中心。通話が必要でもL

ＩＮＥの無料通話で事足りています。ですから、**音声契約なしの「データSIM」で十分**です。

【マイカーを手放してカーシェアリングを選択肢に】

カーシェアリングはカーシェアリング会社に会員登録をすることで、手軽に利用できるサービスです。

利用したい日時をウェブで予約し、近隣のステーションに停まっているクルマをピックアップ。利用時間の単位は10分、15分と会社によって異なりますが、**料金は10分200円や15分300円**など、非常にリーズナブルです。

保険への加入やガソリンの補充も必要なく、整備等はカーシェアの会社がやってくれます。契約する会社により、入会金がかかったり、月額基本料金がかかったりしますが、それでも保有するよりは低コスト。**利用した分だけの料金を払えばいい**ので、気軽に利用できます。

デメリットは空きがなければ使えないこと。用意されている車の台数は年々増えていますが、多くの人が利用したい時期――連休や夏休み、年末の買い物シーズンなどは予約が取りにくいこともあります。

それでもカーシェアリングを選択肢に入れると、固定費における「自動車代、その関連費用」が大幅に削減できます。

自動車ローン、ガソリン代、自動車保険代、車検費用、整備費用、**そして都心では月に数万円かかる駐車場代などがかからなくなります。**


【電力会社・ガス会社を乗り換える】


電気とガスも自由化により、料金の安い会社と契約することが可能になりました。

乗り換えの手続きも電話やウェブでの申込みの後、書類をやりとりするだけ。シミュレーションサイトを活用して、自分の使い方に合う会社を探してみましょう。毎月の光熱費を数百円単位で節約することができます。

¥ お金が貯まる家計の固定費は月収の4〜5割に収まる

一方、変動費の節約についても、ここで少し触れておきます。

変動費は、3章で紹介した3つのステップを踏み、**明らかな浪費として自覚できた部分を削る努力をしましょう。**

例えば、洋服代などのように、1か月の中で支払い頻度が少ない変動費は、「欲しいと思っても2、3日考える、間を空ける」といったことをルール化すると、冷静さを取り戻すことができ、支出をコントロールしやすくなります。

対して、食費や日用品代などの毎日の支出になりがちなものは、2章で触れたように1週間分の予算を作って管理することがおすすめです。

決まった曜日に1週間分の予算額を財布に入れ、翌週の同じ曜日に財布の中身をリセットして、また1週間分の予算を入れます。

リセットまでにお金が不足したら、やむを得ず翌週の予算から前借りします。その場合、翌週は予算から前借り分の金額を引いた金額でやりくりしましょう。

こうすると、1週間の支出のペースがわかってくるので、使いすぎの状態もすぐわかり、セーブをかけやすくなります。

固定費、変動費はどの家計でも両方存在するもので、毎月の収入に対して理想的な割合があります。

私のところに家計相談に来る人のうち、お金を貯められる家計をデータ化してみると、9割以上の人の固定費が、月の収入のうち40〜50%でした。

変動費に関しては、お金が貯められる家計の8割強が月の収入の30〜40%。

つまり、固定費と変動費を合わせると**月の収入のうち70〜90%が支払いに使われ、貯蓄に回るのは10〜30%。**

裏を返せば、**収入のうち10%以上を貯められれば、優秀な家計**だと言えるのです。

整理すると、黒字であり、貯蓄もできている家計の割合は、**「固定費：変動費：貯蓄**

＝45：35：20」となります。

これに対して赤字の家計は固定費65％、変動費45％というのが平均で、１００％をオーバーしており、貯蓄はできていません。

固定費、変動費、どちらかに偏る傾向が強く、とくに固定費の割合が増えがちです。固定費、変動費にいくらくらい当てたいかの割合は、各家庭の状況によって異なるとは思います。しかし、お金が貯まる家計にしたいと思うなら、前述の割合を参考に変動費、固定費の支出を整理して、改善していきましょう。

まとめ＝22

給料の10％以上を貯金できれば優秀！「20％貯金」を目標に家計を整理しよう！

「貯まる家計」コラム2

支出全体を「視える化」したら、家計が黒字化！お金の出方を把握したことで毎月13万円の削減に成功！

もうすぐ小学校を卒業する子どもの教育費を貯めたい、老後の資金も作り始めたい――。

そんな思いから家計相談にやってきたのは、40歳のKさんです。2歳年下の夫はＩＴ系企業の会社員で月収は30万円。Kさんがパートで稼ぐ額と合わせ、世帯収入は38万円でした。

しかし、毎月の収支はぎりぎり。夫のボーナス分で年間の収支は黒字でしたが、住宅ローンを組んで家を買ったばかりで貯蓄は１００万円ほど。この先、子どもが高校受験、大学受験と進んでいくことを思うと、貯

蓄を増やさなければと考えるようになりました。

そんなとき、断捨離やミニマリストの考え方を知り、共感。シンプルな暮らしを心がけつつ、節約、貯金をしていこうと思い、いろいろと頑張ってみたものの、成果が出ているのか、お金を貯められるようになっているのか実感がなく、家計について相談することにしたのです。

Kさんに家計状況を聞くと、家計簿をつけた経験がないことがわかりました。

そのため支出の全体像がどうなっているのかを把握しないまま、食費を減らそう、光熱費を減らそうと闇雲な節約にチャレンジしていました。

支出を減らそうという考えは間違っていませんが、まずは自分がどういったものにお金を使い、その結果貯蓄ができない状況になっているのかを知ってもらうことが必要です。

私は「1か月分のレシートを取っておき、ひと月の支出を把握する」ことを始めてもらいました。

全部必要な支出と思っていたが、書くことで、払い過ぎとわかった

Kさんは生真面目な性格で、きちんとレシートを保管。1か月後には、支出の全体像が見てきました。

その上で、次の面談時に「支出の振り返り」を実施。使ったお金の意味合いを考えてもらいました。

すると、家計の支出状況を客観的な数字で見ることができ、払いすぎではないか？　と感じるポイントをつかむことができました。

「食費と日用品にこんなに（9万円も）使っていた！」

「勧められるまま入った生命保険代の2万5000円は高くない？」

「夫と2人のスマホ代、家のネット回線代で2万5000円はもう少し削れるのでは？」

記録し、「視える化」する前は、「全部必要な支払い」と思っていた支出

が、じつは払いすぎなのではないかと気づけたのです。

ここから削れるところ、維持するところをはっきり分け、メリハリをつけながら家計を改善していきました。

食費については、捨ててしまっている食材がないかを再点検し、総菜を買うにしろ、食材を買うにしろ「使い切る」ことを第一に。生命保険は必要な保障に絞り、再契約。通信費は格安スマホに切り替えて大きく削りました。

その他、細かな節約も含め、毎月の支出を13万円削減！　38万円の収入をほぼ使い切っていた家計を、25万円で済ませるサイズにダウンサイジングしたのです。

ただ、あまりに急に多額の削減に成功したので、反動でお金を使ってしまう事態にならないよう、Kさんと旦那さんには、それぞれ2万円のお小遣いを新たに設定しました。

もし、今のようなやりくりがイヤになったとき、ストレスを発散して

もらうための予算です。

結果、お小遣いが足りなくなることも、毎月の支出が大きく増えてしまうこともなく、着実に貯蓄を増やせるに家計に変わっていきました。

第④章

今日から始める！お金が貯まる片づけの習慣

ここまで読んだあなたは、お金への意識が高まり、貯金へのモチベーションが上がっているはずです。最後の４章は、その気持ちを維持するための内容を紹介。これで「お金が貯まる人」への変身、完成です！

自分の価値観を大事にする

インタビューを受けるとき、「横山さんは家族が多いから、携帯電話代とかすごいんでしょうね？」と聞かれることがあります。

そのたびに私は、ちょっと自慢げな顔をして**「8台（家族全体）で、毎月1万1000円程度ですよ！」**と回答しています。

詳しい内訳は3章で触れたとおりですが、安さの秘密は格安スマホの活用です。

私は一般の人に比べると**携帯電話を重視するという価値観が乏しい**のでしょう。

普通に大手キャリアと契約していれば、月に5、6万円はかかっているはずですが、必要性と利便性と価格を天秤にかけて、当然のように「格安スマホ」を選んでいます。

もちろん、その選択があなたにとっても「絶対にいい」とは言いません。

動画をたくさん見るので、通信速度が気になるという人もいるでしょう。

キャリアのアドレスがなくなると困るという人もいるでしょう。

通話の使用頻度が高いという人もいるでしょう。

家や職場にＷｉ－Ｆｉ環境がないという人もいるでしょう。

使用状況や携帯電話、スマホへの考え方は、人それぞれです。でも、大手キャリアと契約している人の多くは、なんとなく昔からそのキャリアを使っていて、気づいたら今も継続しているだけではないでしょうか。

改めて、自分や家族の携帯電話、スマホの使い方を振り返ってみると、「格安スマホでも問題ないな……」と気づかれる人は少なくありません。

私の場合、**「せっかく稼いだお金は有効に使うべきだ」という考え方が、自分の中の軸**になっています。その自分軸と照らし合わせたとき、月に5、6万円の契約をそのままにするのは許せません。

そこで、「格安スマホで十分」という結論になったのです。

この話はほんの一例に過ぎません。

ここで考えてみてほしいのは、あなたの支出の中で理由もなく保守的になっていたり、これが普通と思い込んでいたり、周りもそうだからと流されていたりするお金の使い方をしている部分はないかということです。

¥ 今日は、充実したお金の使い方ができた！　と思える日を増やす

私たちの身の回りにあるありとあらゆる商品、サービスには値段がついています。例えば、チェーンのコーヒーショップならホットコーヒーは２００円ほどで飲むことができます。でも、カウンターで注文し、商品を受け取り、席まで自分で運び、飲み終わった後は片づけなければいけません。

一方、高級ホテルのラウンジで飲むコーヒーは１０００円以上します。しかし、物腰柔らかなホテルの従業員がサーブしてくれるだけでなく、座席と座席の間隔は広く、隣の人を気にせずにくつろぐことができます。

もちろん**価格差だけを考えれば、チェーンのコーヒーショップで飲むコーヒーが圧倒的にお得**です。では、高級ホテルでコーヒーを飲む人は浪費家で、お金が貯まらないかと言えば、そんなことはありません。

自分の価値観を大事にし、お金の使い方がうまい人は、「今日はアポイントが重なっ

ていて、合間の15分でメールを処理したいとき」にコーヒーショップを、「今日は大事な人とゆっくり話したいとき」には高級ホテルのラウンジを選びます。**短時間で作業を済ませ、次の仕事に向かうことができれば200円以上の価値があり、大事な人と親しくなれればI000円以上の充足感を得ることができます。**

つまり、受けるサービスの価値は、値段だけで決まるわけではないということです。大事なのは、**お金を使った後、「今日は充実した使い方ができた」と思える回数が増えること。**時代が変われば、お金に対する価値観も変わります。

例えば、私が子どもの頃、高度経済成長期には物を持つことが豊かさの象徴でした。マイカー、マイホーム。少し背伸びをしてローンを組んでも、買うことが求められた時代です。しかし、今はクルマや家に執着する人は減りました。

あいかわらず物は店頭に溢れていますが、むしろ賢くシェアをして、持ち物を増やさないこと。持っている物も使わなくなったらメルカリなどで売って現金化するなんてことも当たり前になっています。

お金が貯まる人になりたいと願うなら、あなたもお金の使い方のメリハリを意識し

てみてください。「当たり前」をどんどん疑っていきましょう。

生命保険は入るもの、家はローンで買うもの、クルマは所有して当たり前と考えていませんか？　たしかにある時代においてはそうだったかもしれませんが、その「当たり前」が今も変わらないものなのかどうかは、見極めていく必要があります。

値段だけに左右されて「安いからいい」「高いからムダ」と判断するのではなく、お金を払って経験してみた後で**「自分にとっていい使い方だったかどうか」**を振り返りましょう。その積み重ねによって、お金の使い方の自分軸が作られていきます。

そして、自分軸のあるなしが、お金が貯まる人かどうかを分けていくのです。

¥

まとめ＝23

「当たり前」に払っているその出費、本当に価値があるか考えてみよう

お金が貯まるリズムをつくる

お金が貯まる人になるには、「お金が貯まるリズム」をつくることが重要です。

あなたは、**「人的資本」**と**「金融資本」**という言葉を聞いたことがありますか？

人的資本とは、**あなたが将来に向かって稼ぐ力の総和**です。簡単に言うと、若い人は長く元気に働ける可能性が高いので、人的資本を豊富に持っていると言えます。

一方、金融資本は**稼いだお金を貯めた金融資産（貯金や金融商品）**です。親の財産を受け継いだなど、特別なケースを除いて若い人は金融資産をほとんど持っていません。しかし、人的資本があるからカバーすることができるわけです。

ところが、人的資本は年齢を重ね、50代、60代になってくるとじわじわ減っていきます。そのとき重要になってくるのが、金融資本です。**人的資本が豊かなうちに、いかに貯め、殖やしておくか。**でも、これはあなたが思うほど、難題ではありません。

なぜなら、若いうちから「お金の貯まる家計」に取り組んでいけば、「時間」があなたの味方になってくれるからです。

人的資本の豊かな20代、30代、40代のうちに打つべき手をきちんと打っておけば、自然と金融資産は膨らんでいきます。

「時間を味方につける」という意識を持つこと。これもまたお金を貯めるリズムの1つ。将来に向けた資産を作る上で、最高のプラス要素です。

お金を貯めやすい時期と貯めにくい時期がある

「老後2000万円問題」は多くの人にリアルな将来を想像させました。

今や人生は100年時代といわれています。しかし、**統計データを見ると100歳前後で元気に暮らしている人はたったの2割程度です。**

多くの人は何らかの治療や介護を受け、医療面でお金が必要な生活を送っています。

そんな老後の収入となる年金は、受給開始年齢が徐々に引き上げられ、私を含めた50歳以下の人たちは、65歳にならないともらえないことになっています。

そして、年金だけでは生活費を賄うことができないのは、周知の事実。

「アリとキリギリス」の童話が伝えるように、気づいたときからお金を貯める習慣を作ること。**人的資本の減少を見越して、金融資本を積み上げていくこと**が、長い人生を豊かに生きるために不可欠なのです。

では、具体的に毎月いくらくらい貯金するといいのでしょうか。私は、**毎月の手取り収入の6分の1を目安にしてほしい**とアドバイスしています。

例えば、手取り額が25万円の人は、毎月約4万円を貯金にまわすということです。継続すると3年で手取り年収の約半分、144万円が貯まります。

ただ、この数値はあくまで目安です。20代、30代の独身時代、しかも実家暮らしであれば、毎月の収入の2割、3割を貯金にまわすことを目指してもらいたいですし、配偶者や子どもがいて、教育費がかかる時期は1割でもまわせれば上出来です。

お金を貯めるリズムという意味でいうと、人生には「貯めどき」があります。

- **独身時代**
- **結婚後、子どもが生まれる前**
- **子どもが独立した後**

この3つの時期が大きな貯めどきです。逆に貯めるのが難しい時期もあります。

・子どもが生まれたばかりの時期

・子どもが高校生、大学生となり、教育費がかかる時期

・急なケガや病気で入院せざるを得なくなってしまったとき、失業したとき

こういう時期にはムリをせず、「やむを得ない」と割り切ってそのときにできる最低額だけでも貯めていくことです。

お金を貯まる人が実践している、最も効率的で基本的な貯まるリズムは、**給料が入ったときに強制的に貯金をしてしまう、いわゆる「先取り貯蓄」です。**

なかでも一番手っ取り早いのは、社内預金や財形貯蓄で給料天引きを使うこと。もし社内になければ、**天引き貯金のように自動的に貯金してくれる銀行の自動積立定期預金を利用**するのがよいでしょう。

窓口での手続きが大変であれば、今は24時間いつでも利用できるネット銀行が便利です。毎月1000円程度から自動積立貯蓄ができ、窓口のある銀行よりも金利が少し高めというメリットもあります。

また、銀行によっては、他行口座のお金を、その銀行の自動積立定期預金に入金するというサービスもあります。給与口座と自動積立定期預金の口座が別でも「先取り貯蓄」が気軽にできるというわけです。口座にお金を入れ替えることが手間だと思う人には便利なシステムです。

ただし、先取り貯蓄を成功させるには、先取りして減った金額で家計の支出が収まっていることが必要です。始める前にしっかり家計の確認、見直しをしましょう。

お金を貯めるリズムで最も大切なのは、あなたの生活スタイルや家族の状況などに合わせながら、貯金を継続させること。コツコツ、未来のために備えましょう。

まとめ＝24

お金は貯めやすい時期に貯めて、貯めにくい時期はムリをしない

コンパクト化を図る

数多くの家計相談に乗ってきて強く感じるのは、**所得の高い家庭ほど、貯蓄が少ない傾向がある**ことです。世帯年収が1000万円を超えているのに、貯金100万円以下ということもよくあります。

その理由は、家計にメリハリをつけられていないからです。

1章でも触れましたが、稼ぎがあるからこそ、優劣をつけずにお金をかけてしまいます。健康のために食事に気を使い、子どもには最高の教育を受けさせたいと思い、家族で幸せに暮せるマイホームが欲しいと背伸びしたローンを組む……。

どれも人生にとって大切な要素かもしれません。しかし、その積み重ねですべての支出が膨れ上がり、**メタボ家計**になるのです。

では、そういったお金が貯まらない人たちが家計管理をおろそかにしているかというと、そんなことはありません。

ご主人も積極的にかかわり、エクセルを使ってきっちり家計簿をつけているケースもあります。最近ではスマホのアプリで管理している人も増えている印象です。

ところが、**こうした積極的な家計管理が逆効果になっている**ことも少なくありません。よくあるのが、エクセルに入力するとき、毎月の収支とボーナスの収支を同じ表に入力。すると、毎月の収支が赤字でも、ボーナスで補てんできれば、年間収支はプラスになり、「足りている」と満足してしまうのです。

また、**所得が多いとお金を借りやすい、**というのも問題です。

背伸びをして組んだローンでマイホームを購入して返済に苦しむ、というのもよくあるパターン。利用限度額が大きく、クレジットカードのキャッシングを利用したり、買い物をリボ払いにしたりしてしまう傾向もあります。

結果的に支出をコントロールできない状態になるものの、所得が多いので元気に働いている間は家計の問題が表面化せずに過ぎていくのです。

¥ 介護離職など、予期せぬことが起きたとき、問題が表面化する

しかし、**こうした家計は何か重大なライフイベントが発生し、働き方が変わったと**

き、一気に赤字化していきます。

例えば、共働きのパートナーが産休、育休に入った。夫妻のどちらかが親の介護などのために退職した。会社からリストラされてしまった。

こうした出来事で世帯収入が減少。それでも平均的な家計よりも多くの収入を得ているわけですが、支出も多い分、さまざまな問題が表面化してきます。

そうなってからの家計改善も不可能ではありませんが、困難を極めます。できれば**問題が表面化する前に、支出を「視える化」し、お金の使い方を見直し、家計をコンパクトにしておくべきです。**

お金を上手に貯めている人は、「自分にとって必要な支出かどうか」を自然に判断してお金を使うことができています。**「安いから買う」という基準ではなく「必要だから買う」という自分軸ができている**わけです。

そして、もう1つ。**支出をロングスパンで考える**ということもできています。ローンを組む際も、「1か月5000円なら支払いも楽だ」という発想ではなく、「1か月5000円なら5年で30万円。慎重になろう」と、長期的な視点で検討していくのです。

そうやって**支出に占める浪費の割合を減らしていく**と、家計は自然とコンパクト化されます。例えば、これまで浪費の割合が支出全体の25％を占めていた人が、10％下げて15％になったとしましょう。

その10％はその人の収入によっても額は違いますが、**手取り収入25万円の人であれば2万5000円、50万円の人なら5万円**となります。

これが1年間継続されたとして換算すると、**手取り収入25万円の人なら7万5000円〜30万円も支出が減ります。**手取り収入が50万円の人は、数字はすべて倍です。

仮に浪費の割合を10％下げることができず、5％の変化でも1年経つと、15〜30万円の違いが出てきます。コンパクト化して、長期的に継続することにより、大きな成果へと育っていくのです。

ところが、こうした小さな努力を甘く見る人は、この差の大きさに本当の意味で気づくことがありません。この項目を読み、「理屈ではそうだよね」「固定費を減らすといいんでしょう」「継続は力と言うからね」とわかったつもりになっても、実体験がないため、実感もわきません。

でも、やれば変われる、変えられるということを、実際にがんばっている人はわかっています。だから、お金が貯まる人たちは続けられるのです。

ほどよい負荷をかけると、お金を貯める力はどんどん伸びていきます。私は日々のトレーニングが成果につながるところが、筋トレと似ているなと思っています。

まとめ＝25

毎月わずかな削減でも、長期間続ければ大きな差となる

毎日、所持金を数える

2章では、1日の終わりに、財布を整理する方法を紹介しました。財布に入っている所持金を数え、お札を整理し、小銭を貯金箱に移し、レシートを取り出します。これは私も毎日行っています。

そこにある喜びは、**「今いくら持っているか」と「何に使ったか」を把握してスッキリすることです。**

お金を何に使ったかは時間がたつと忘れてしまいます。だからこそ、払った直後にメモをつけ、1日の終わりに財布を整理し、整合性をつけていくのです。

ですから、私は「今、いくら持っていますか？」と聞かれたら、ほぼ正確な額をすぐに答えることができます。かなりのお金好きのようで気恥ずかしい部分もありますが、**お金の管理能力を高める上で土台となる習慣だ**と思っています。

例えば、「老後2000万円問題」が話題となったとき、私は多くのメディアから「2000万円も本当に必要ですか？ そんなに作れますか？」と質問されました。正直に言えば、「今さら、こんなに騒ぐのか」と驚いた面があります。

必要となる具体的な額の数字にはいろいろな説があるにせよ、老後に向けた蓄えが必要で、年金だけでは立ち行かないことは、お金にまつわる仕事をしている私たちファイナンシャルプランナーには既知のことでしたから。**老後資金が不足するのは明白なのに、それがしっかり認識されていないのは本当に問題です。**しかも、一連の報道で慌てた人の中には急に投資を始めてしまい、手持ちの現金を減らしてしまっているケースもあります。

将来のことを考えるのは大事なことですが、最も重要なのは「今を見る」こと。ここでいう「今」というのは、自分の現状の家計をきちんと見て、把握することです。

¥ 将来が不安だから、慌ててリスクの高い投資に手を出す

その第一歩が、**毎日、所持金を数えること**であり、**出ていった支出を「視える化」すること**です。貯蓄を心がけているけれど、うまくいかない人は「今」を見ることをおろそかにしがちです。将来の資産ができていないことを気にして、慌ててリスクの高

い投資に手を出してしまいます。

将来を見据えることは、間違っていません。ですが、今を見ずして将来を見てもよい結果には結びつきません。

まずは、毎月の生活費と万が一の時の生活防衛資金として、**最低でも月収の7・5か月分を準備しておく**ことをお勧めしています。

その他に、教育費やマイカー資金など必要なお金があればそれも準備し、土台を整えてから老後を含めた将来を見据えていくことです。そのステップを飛ばし、毎日の財布のお金の動きも確認しないまま、先々のことを思って焦るのは順番が違います。

コツコツと足元から始めてこそ、お金の貯まる家計が作られていくのです。

まとめ＝26

今できることから始めていけば、将来の不安は徐々に減るでしょう

「浪費」はお小遣いから現金で支払う

聖書には、**「人はパンのみにて生くるにあらず」**という言葉があります。

私たちは物質的な満足を求めるだけで幸せになれない、という教えです。この言葉は、お金の使い方にも当てはまると思っています。

家計相談を受けているとギリギリまで切り詰めた節約生活をしながら、お金を貯めている人に出会います。正直、家計管理はしっかりしていてアドバイスすべき点もほとんどありません。

ただ、そういった切り詰めた家計の家計簿を見て思うのは、**「通帳の残高は増えるかもしれないけど、幸せを感じられるのかな？」「いずれ節約を続けられないときがきてリバウンドするのでは？」**ということです。

お金が貯まるとしても、充実した毎日を送り、将来に夢が持てなければ、今ここの暮らしが灰色になってしまいます。

節約生活が行き過ぎているのでは？　と感じたとき、私は家族全員のお小遣いの大切さを伝えるようにしています。

夫、妻、子どもたち。それぞれが自分の権限で自由に使えるお小遣いを手にすること。息抜きがなければ、節約を続けることは難しいでしょう。

そんなふうに伝えると、「節約中の家計にお小遣いなど必要ないのでは？」と聞き返されることもあります。でも、それは大間違い。むしろ**節約中の家計だからこそ、お小遣いが必要なのです。**

小遣いの額は、世帯収入の7〜10%程度が妥当

「自由に使うお金＝浪費」と捉えるなら、最初に「お小遣い」という枠を作ることで際限なく浪費が増えることを防ぐことができます。

毎月、お小遣いの枠内のお金は自由に使えると決めたら、それをどう使うかは気にしなくてもかまいません。なぜなら、その方が精神的な余裕を持つことができ、家計管理をがんばりたい気持ちを持てるからです。

ただし、お小遣いの金額は慎重に決める必要があります。家計の大きな負担となっ

ては意味がありません。金額はいくらくらいが適当なのでしょうか。

家計相談のデータをまとめた結果、1つの目安として家族全体で**世帯収入の7%から10%程度**が適切な水準だと感じています。

そして、「与えられたお小遣いの範囲で各自がやりくりの努力をし、足りなくなっても一切補てんしない」というルールを決めましょう。

その点では、お小遣いは現金に限ります。キャッシュレス決済だと、足りなかったら使ってしまう恐れが高いからです。

使いたいときに使える自由な自分のお金があるからこそ、逆に浪費が増えず、お金が貯まる家計につながっていくのです。

まとめ＝27

「小遣いなし」は逆効果。浪費も大切。ただし、キャッシュレス決済は禁物

部屋を片づけると
お金が貯まる

1章で、**お金が貯まらない人の共通点として「部屋が片づけられないこと」**をあげました。部屋が片づけられるかどうかはパーソナリティの問題で、お金を貯めることとは無関係なのでは？　と感じる方もいるでしょう。

しかし、**片づけは「必要なものと必要のないものを見極める作業」**です。これを日常的に行っている人とそうでない人では、支出に対する意識も変わってきます。

以前、専業主婦のDさんから「節約をしているつもりなのに、お金が貯まらない」という相談を受けたことがあります。

そこで、家の様子を写真に撮ってきてもらったところ、リビングやキッチンパントリーは物であふれていて、何があるのかわからない状態。子ども部屋なども段ボールや物であふれています。

必要な物が必要なときに見つからず、物を探す時間が余分にかかっていると言います。家事も片づかず、深夜に仕事から帰ってきた夫が洗い物などを手伝う日々でした。

¥ 必要なものと不要なものに仕分けしたらムダが激減

それでも夫はDさんを信頼し、家計を任せていました。自分は決められたお小遣いの範囲内でしかお金を使っていないので貯金ができているはずと考えていたのです。

ところが、実際にはDさんの家計は赤字で、お金は貯まっていませんでした。その原因は、片づいていない部屋を生み出している変動費の支出にあります。

私は**家計の立て直しのため、家の片づけをするよう**アドバイスしました。

例えば、Dさんの家にはおさがりでもらった子ども服が大量にありました。しかし、段ボールに詰められたままの服もたくさんあり、Dさんは必要に応じて新品や古着の子ども服を購入。何がどこにあるかが見えないため、**二重買いが生じていた**のです。

そこで子ども服をすべて出し、**必要なものと不要なものに仕分け**してもらいました。結果、使える服が多くあることがわかり、毎月の洋服代が削減できたのです。使うもの、使わないもの、必要なもの、不必要なものを分けるのは片づけの基本です。

同じように、**パントリーと食品関係の仕分け**を進めました。食品は種類・目的別にまとめ、使うものはパントリー内に作った枠の中に収めるというルールを徹底。枠からはみ出したものは、すぐに使い切るか、思い切って廃棄していきます。

そして、**新たに買い足すときは絶対に枠内に収まる範囲に留めます。**こうすることでムダに買い足すことがなくなるからです。

同じ方法は室内のあらゆる収納に当てはめ、活用することができます。部屋を片づけ、収納場所を限定し、とりあえず安いから買う……をやめるだけで、Dさんの家計は改善。片づけと貯金は表裏一体であるのです。

まとめ＝28

部屋が片づいていない人は、ムダな買い物が多い。まずは貯金より片づけを

「家計財布」と「浪費財布」の2つで家計を管理

2章では、お金を貯めるために、「小さい財布」にするという方法を紹介しました。

ただ、小さい財布1つでは不便が多いと感じる場合もあるでしょう。

そんなときに役立つ、**「サブ財布」を使った家計管理の方法**があります。

これは実際、横山家で実践しているやり方ですが、うちのリビングには**「家計財布」と「サブ財布」があります。**


家計財布は、食費や日用品などに使う、普段使いの財布です。

前述したように、週に1回定額の生活費を入れます。わが家は毎週月曜日に2万円です（1万5000円はPayに入れ、5000円を財布に）。同じ金額を同じ曜日に入れれば、残りの日数のやりくりを把握できます。

さらに、家計財布には**予備費の2万円**と保険証などが入っています。子どもの多い我が家では、医療費などの急な支払いが発生することもあるからです。


もう1つの**サブ財布は、横山家の場合「浪費財布」という位置づけで使っています。**

家計を一生懸命切り詰めていると、節約疲れでストレスが溜まります。ときには今まで我慢してきたものを買ったり、あえて浪費したり、プチ贅沢も必要です。

そのために一人ひとりのお小遣いがあるわけですが、こんなシチュエーションもありますよね？

家族でショッピングモールに行き、「いつもはスーパーのアイスだけど、今日はみんなサーティーワンのアイスを食べない？」とか、「先月も今月もコツコツがんばったから、今日はフードコートで好きなものを買って晩ごはんにしちゃおう！」とか。

浪費といっても金額的にはささやかなガス抜き程度ですが、浪費財布の中身はいわば**家族で自由に使えるお小遣い**だと考えています。

家族全員で、2つの財布を管理することが大事

浪費財布の財源は、毎週2万円の生活費から余ったお金です。その際に、守っているルールは以下の3つです。

・家計財布から〝浪費〟とわかっている支出を出さないこと。

・逆に浪費財布から生活費を出さないこと。
・この2つの財布を、子どもも含めて家族全員で管理すること。

一般的には妻か、夫が1人で節約を頑張っている家庭が多い中、2つの財布を家族で管理することで全員が協力して、家計に関わることができるのもメリットです。

浪費財布に関しては、クレジットカードや電子マネーを使わず、現金払いを徹底することが重要です。理由は、もちろん、際限なく使うことを防ぐためです。

まとめ＝29

生活費は、家計財布で支払い、浪費は、浪費財布で支払うと決める

「無料」に飛びつかない

手数料無料、送料無料、無料体験、相談無料など、世の中には「無料」のサービスがたくさんあります。ここで素直に**「無料＝お得」と考えてしまうのが、お金が貯まらない人の傾向です。**ほとんどの無料には、何らかの落とし穴があり、注意しないと支出を増やす結果になります。

例えば、ネットショッピングでの送料無料。「あと1000円分買ったら、送料が無料になるから」と必要のないものを購入したことはないでしょうか。**〝ついで買い〟は浪費を増やす原因**になります。

また、Ｓｐｏｔｉｆｙ、ｈｕｌｕ、Ｎｅｔｆｌｉｘなど、流行のサブスクリプションサービスには無料体験期間が設定されています。「1か月無料で映画見放題」などとうたったサービスに加入し、気づかないうちに無料期間が終わっていた経験はありませんか？　そのまま気づかないうちに月額会費が引き落とされ、あげく「たいして見ていない」なんてことも珍しくありません。

会員費は固定費として毎月、支出されていくわけですから、無料の宣伝文句に飛びつかず、必要かどうかで厳選していきたいものです。

¥「無料相談」は親切心から？その裏にある思惑とは？

「保険の見直し」「相談無料」といったキャッチコピーの書かれた看板を街角やショッピングモールで見かけたことがありませんか？

保険に詳しい専門の相談員が無料で加入している保険が適切か診断してくれた上、あなたにぴったりな保険のアドバイスをしてくれるという触れ込みです。

これが本当なら「なんて素晴らしいサービス」となりますが、世の中にはそうそううまい話はありません。

保険ショップは無料の相談をきっかけに、**その会社が売りたい商品を紹介し、販売することで手数料という儲けを得る仕組み**になっています。そこに前知識なく、「いい保険はありませんか？」と訪れるのは鴨が葱を背負って来る状態です。

冷静になって考えればわかるように、無料でサービスを提供するビジネスは成り立ちません。裏に儲けの仕掛けがあるからこそ、入り口を無料にしているわけです。

同じことは、投資にも当てはまります。銀行や証券会社が主催する無料の投資セミナー。親切に株式投資や投資信託について教えてくれます。ただし、その先には「なるべく自分たちが儲かる商品を売りたい」という考えがあります。

投資信託ではその傾向が顕著になります。投資信託を作っているのは投信会社で、銀行や証券会社はそこから商品を仕入れて販売しているだけだからです。

どうせ売るなら販売手数料の高い商品を売りたい。無料セミナーはそのための布石に過ぎません。お金が貯まる人になりたいなら、「無料」に飛びつかないことをルールにしましょう。

まとめ ＝30

タダより高いものはない！ 無料サービスは有料への布石

お金で失敗をしたら、原因を振り返る

あなたはこれまでどんなお金にまつわる失敗をしてきましたか？

私自身、これまで振り返るとお金の失敗はたくさんしてきました。

大学生時代はパチスロにハマり、アルバイトで稼いだお金のほとんどをつぎ込み、2、3日で全額スッてしまうような浪費をくり返し、家計再生コンサルタントとして独立してからも借金に苦しんだ経験があります。

ただ、私はこうした**若い頃のお金の失敗について、「しておいてよかった」と心から思っています。**なぜなら、失敗したことで「何をやっているんだろう？　俺は……」とダメな自分に気づけたからです。そして、他人の失敗を頭ごなしに責めたり、その行動を否定したりすることがなくなりました。


赤字家計の再生に向き合うときも、つねに自分のダメなところを忘れず、人は失敗してしまうものだという意識を持っています。ですから、単なる理想論のようなお金の話はできませんし、家計が赤字になってしまうことを叱るなんてこともできません。

「使っちゃったんです」

「どこに消えたかよくわからないんですけど、ボーナスが残っていないんです」

「節約しているつもりなんですけど」

どの声を聞いても、「その気持ち、よくわかります」と心の中でうなずいています。だからこそ、そこからどう改善していけばいいかを一緒に考えていくことができます。我慢できずに使ってしまい、お金で失敗してしまったとき、**最も大切なことは「振り返り」をしているかどうかです。失敗は、あって当たり前。**その後で、「じゃあ、この失敗を踏まえてどうしようか？」と考えられるようになれれば、何の問題もありません。

¥ 収入が増えなくても貯金を増やすことはできる

私は家計再生コンサルタントとして独立する前、司法書士事務所で働いていました。そこでは、ドラマの一場面のようなやりとりが何度もありました。

「複数の消費者金融から300万円の借金があります」と青い顔をしていた相談者が、

「債務整理と過払い金請求によって借金がなくなります」と言われ、表情が一変。

しかも、「過払い金が100万円戻ってきます」と聞き、それまで落ち込んだ様子でボソボソ話していた人が急に生気を取り戻し、相談に乗っている私たちに対して「いつ金が返ってくるんだ!?」と詰問してきたこともありました。


このように、人の態度はお金のある、なし、でくるくる変わります。私は多重債務に悩む人と多く接してきた経験から、「貧乏もいい経験」とは言えません。できれば、1人でも多くの人に家計の赤字が積み重なっている状態から脱してもらいたい。多くの赤字家計の相談に乗ってきた背景には、そんな思いもあります。

しかし、現実問題として、がんばって働いても収入は簡単に増えないものです。そこで役立つのが、本書で紹介してきた、**支出を「視える化」して、家計を立て直すテクニックです。**

赤字家計のほとんどは、本当は削れる浪費に気づかないことで赤字になっているだけで、**やり方を覚えれば収入が増えずとも改善することができます。**

事実、世帯年収が200万円台、300万円台で子育てをしながら、コツコツ貯蓄を増やすことに成功している方の例をたくさん見てきました。

赤字家計に悩む人の多くは、「なんとなく」「必要そうだから」と目的や動機が曖昧なままお金を使っています。これは収入の多寡に関係なく共通した傾向です。キャッシュレス化が進むことで、放っておけば、ますますこの傾向は強まるでしょう。そのことに気づき、お金の使い方について振り返る時間を作れば、状況を変えていくことができます。

本書で紹介した**支払い別の家計簿や、小さい財布に変える**などの方法を実践しながら、支出を視える化し、お金の使い方を整えましょう。

効果はすぐ出るはずです。ぜひ、実践してみてほしいと切に願います。

まとめ 31
キャッシュレス化が進む前にお金の使い方を整えよう

あとがき

8％から10％への消費税の増税以降、ますますキャッシュレス決済を利用する人が増えています。クレジットカード、デビットカード、電子マネーやQRコード決済など、政府も後押しするポイント還元を期待して、はじめてキャッシュレス決済を利用したという人も多いのではないでしょうか。

あなたはキャッシュレス決済をどう使っていますか？

「コンビニで利用すると2％引きだから利用が増えた」
「5％還元のポスターを見ると、買おうかどうか迷っていた商品も買ってしまう」
「使い始めてみたらレジで財布を出すのが『手間だ』と感じるようになってきた」
「気づいたら使いすぎていて、怖いので現金派に戻った」
「細かい使いみちが把握できなくなって、思いがけず支出が増えている」

家計相談の現場ではメリット、デメリットどちらの声も聞こえてきます。ただ、総じて言えるのは、「便利でお得だけど、つい使いすぎてしまっているかも……」という感覚の広がりです。

本書でも触れた通り、とくにスマホのアプリで利用できる「○○Ｐａｙ」などのＱＲコード決済では、ポイント還元率がクレジットカードなどよりも高く設定されていることも多く、使いすぎ傾向になってしまう人が多いように感じます。

とはいえ、お得感に誘われるままに使っていると、お金はどんどん減っていき、それこそキャッシュレス貧乏といった状況に陥ってしまうかもしれません。

「現金」から「キャッシュレス決済」に支払いの方法が変わったとしても、支出は支出です。

お金の出口が財布から、銀行口座に変わっただけで、支出の「視える化」の大切さは変わりません。むしろ、慣れ親しんだ現金払いではないからこそ、支出の管理に一層力を入れる必要があると言えます。

今後、キャッシュレス決済は確実に広がり、定着していきます。

出ていく紙幣や硬貨が見えない分、お金を使いすぎる傾向になりがちなことは不安材料です。しかし、世界中でキャッシュレス決済が広まっている今、私たちもこの新しく便利な支払い方法に慣れていく必要があります。

あなたもこの変化を機会に現金、カード、キャッシュレスというお金の出口の片づけにも取り組みましょう。

私のお客さんでも出ていくお金をうまく管理し、家計を改善したことで年間100万円ほど貯金を増やした人が何人もいます。

支出の「視える化」でお金の出口を整えると、結果的に手元に残るお金が増え始めるのです。

横山光昭

【著者略歴】

横山光昭（よこやま・みつあき）

家計再生コンサルタント、株式会社マイエフピー代表。

お金の使い方そのものを改善する独自の家計再生プログラムで、家計の問題の抜本的解決、確実な再生をめざし、個別の相談・指導に高い評価を受けている。

これまでの相談件数は2万3000件を突破。各種メディアへの執筆・講演も多数。

著書は、60万部突破の『はじめての人のための3000円投資生活』や『年収200万円からの貯金生活宣言』を代表作とし、著作は120冊、累計330万部となる。

個人のお金の悩みを解決したいと奔走するファイナンシャルプランナー。

キャッシュレス貧乏《びんぼう》にならないお金《かね》の整理術《せいりじゅつ》

2019年12月21日　初版発行

発行　**株式会社クロスメディア・パブリッシング**
発行者　小早川幸一郎
〒151-0051　東京都渋谷区千駄ヶ谷4-20-3 東栄神宮外苑ビル
http://www.cm-publishing.co.jp
■本の内容に関するお問い合わせ先 …………………… TEL (03)5413-3140 ／ FAX (03)5413-3141

発売　**株式会社インプレス**
〒101-0051　東京都千代田区神田神保町一丁目105番地
■乱丁本・落丁本などのお問い合わせ先 ……………… TEL (03)6837-5016 ／ FAX (03)6837-5023
service@impress.co.jp
（受付時間　10:00～12:00、13:00～17:00　土日・祝日を除く）
※古書店で購入されたものについてはお取り替えできません
■書店／販売店のご注文窓口
株式会社インプレス　受注センター ……………………… TEL (048)449-8040 ／ FAX (048)449-8041
株式会社インプレス　出版営業部 …………………………………………………… TEL (03)6837-4635

ブックデザイン　金澤浩二（cmD）
DTP　荒好見（cmD）
印刷・製本　中央精版印刷株式会社
本文構成　佐口賢作
本文撮影　蘆田剛
カバー・本文イラスト　松本セイジ
ISBN 978-4-295-40379-1 C2033